BÜZZ

© 2019 Buzz Editora

Publisher ANDERSON CAVALCANTE
Editora SIMONE PAULINO
Editora assistente LUISA TIEPPO
Projeto gráfico ESTÚDIO GRIFO
Assistentes de design NATHALIA NAVARRO, FELIPE REGIS
Preparação ANTONIO CASTRO
Revisão MARINA MUNHOZ

Dados Internacionais de Catalogação na Publicação (CIP)
de acordo com o ISBD

M3571

Marques, José Roberto
  O livro do perdão / José Roberto Marques
  São Paulo: Buzz, 2019
  192 pp.

  ISBN 978-65-80435-22-7

  1. Autoajuda 2. Perdão I. Título

	CDD-158.1
2019-1760	CDU-159.947

Elaborado por Vagner Rodolfo da Silva CRB 8/9410

Índices para catálogo sistemático:
1. Autoajuda 158.1
2. Autoajuda 159.947

Todos os direitos reservados à:
Buzz Editora Ltda.
Av. Paulista, 726 – mezanino
cep: 01310-100 São Paulo, SP

[55 11] 4171 2317
[55 11] 4171 2318
contato@buzzeditora.com.br
www.buzzeditora.com.br

José Roberto Marques

O livro
do perdão

Aprenda a construir
uma vida sem culpas

Ser livre é saber que o sofrimento é uma escolha,
e você pode escolher não sofrer.
Perdoar-se pode ser o caminho.

APRESENTAÇÃO, 9
Um livro para você ser livre

Capítulo 1
Conhece-te a ti mesmo, 17

Capítulo 2
O desenvolvimento dos sentimentos, 37

Capítulo 3
A resistência a perdoar, 51

Capítulo 4
Os dez passos no caminho
rumo ao perdão, 65

Capítulo 5
Satélite do perdão, 79

Capítulo 6
As três dimensões do perdão, 91

Capítulo 7
O perdão e a neurociência, 105

Capítulo 8
O poder do perdão, 115

Capítulo 9
Perdão e gratidão, 129

Capítulo 10
O perdão como libertação, 143

Capítulo 11
A roda do perdão, 155

Capítulo 12
Os sentimentos que resultam do perdão, 169

Capítulo 13
Diário do perdão e da libertação, 181

MENSAGEM FINAL, 189

APRESENTAÇÃO
Um livro para você ser livre

Depois de tantos anos de formações, estudos e treinamentos, há algumas teorias clássicas pelas quais sou reconhecido. De pronto, consigo identificar pelo menos quatro ou cinco teorias e ferramentas que com certeza fazem as pessoas se lembrarem rapidamente de mim. Uma delas – talvez a mais facilmente reconhecível – é a dualidade humana, luz e sombra, da qual falo sempre.

Não importa o assunto: sempre acho relevante relembrar as pessoas que somos luz e sombra, que temos em nós a dualidade. E por que continuo insistindo nisso? Porque vejo a dificuldade que as pessoas têm de se aceitar e de compreender a própria sombra. A dificuldade de aceitar e se conectar com o seu lado obscuro, com suas trevas, com seus erros. Nós erramos. Erramos muito e várias vezes por dia. Uns erros são menos prejudiciais, coisas simples. Outros são mais graves e acabam prejudicando a nós mesmos e aos outros. Em nós gera a autoacusação, nos outros gera a culpa. Muitas pessoas também erram conosco e causam em nós sofrimento e frustração

O erro, portanto, não é uma escolha. Erramos até quando fazemos algo com muito amor e dedicação. Isso porque o erro é uma condição humana: ser humano significa errar. Significa estar sujeito ao erro e, sobretudo, aos seus efeitos. Mas, se não temos opção senão errar, o que nos cabe?

É para responder a essa questão que resolvi escrever sobre uma visão nova de algo extraordinário: o perdão.

Voltando à questão, o que nos cabe, frente ao erro, é a escolha de dois estados internos que comandam nossa vida. Só há duas possibilidades para nossa vida interior, para nossa mente e alma: ou estamos em Estado de Sofrimento, ou estamos em Estado de Não Sofrimento, ou Estado de Graça. O Estado de Sofrimento é quando inconscientemente decidimos nos conectar com nossas energias mais negativas, pessimistas, fatos e memórias ruins, fracassos, rejeição, o Eu e o ego. É o estado da separação e do individualismo, um estado narcísico em que vemos nossa vida como algo terrível e fechamos os olhos para tudo e todos à nossa volta, pois só conseguimos enxergar como somos terrivelmente sem sorte.

O Estado de Sofrimento não é um acontecimento ao acaso, mas sim uma escolha mental, inconsciente, que vamos alimentando ao longo da vida. Já no Estado de Graça, há a escolha inconsciente de nos conectarmos com energias de positividade, uma mente de unidade, de fraternidade, que nos conecta com o outro em essência, exercitamos nossa empatia e escolhemos enxergar o nosso potencial e nosso poder interior.

Nesse estado aprendemos com o sofrimento e as perdas, e levamos esses aprendizados adiante. É um estado de florescimento que nos leva a evoluir cotidianamente. O Estado de Graça também é uma escolha inconsciente, mas pode se tornar consciente, uma prática, um hábito. É possível, mesmo que tenhamos escolhido viver os últimos anos em Estado de Sofrimento, passarmos a viver em Estado de Graça e de florescimento interior.

No Estado de Sofrimento, escolhemos:	No Estado de Graça, escolhemos:
Energia e memórias de sofrimento	Energia e memórias de superação
Narcisismo	Empatia
Foco no problema	Foco nas soluções
Maximização do problema	Estima por nós mesmos
Potencialização das perdas	Agir para mudar
Perseguição	Resiliência
Baixa autoestima	Olhar para nossa luz
Estagnação	Ressignificação

O Estado de Sofrimento exige de nós um processo de libertação, e não estou falando de misticismo ou de rituais religiosos. Estou afirmando que, se não nos libertamos dos efeitos do Estado de Sofrimento, não evoluímos, não construímos nada neste mundo nem alcançamos os estados de felicidade.

A felicidade e a evolução exigem que nos libertemos do Estado de Sofrimento. E como fazer isso?

Por meio do perdão.

O perdão é o que garante a nossa passagem de um estado a outro. O perdão é o passaporte para o Estado de Graça. E o perdão é, sobretudo, uma decisão interna de se desconectar do Estado de Sofrimento. É a libertação e o caminho da felicidade.

Tudo que está relacionado ao Estado de Sofrimento pode ser rompido com o perdão. Quando nos encontramos em Estado de Sofrimento, dizemos para nós mesmos que não somos bons o suficiente. Que não somos capazes nem dignos. Somos nossos julgadores e nossos próprios juízes.

No Estado de Sofrimento deixamos de lado tudo que fizemos de maravilhoso e decidimos olhar apenas para o que fizemos de errado, a nós e aos outros.

Para isso, a única solução é o autoperdão. Sem se perdoar, você jamais se libertará da culpa e do remorso. No Estado de Sofrimento acreditamos que fomos humilhados demais, fomos machucados demais, fomos ignorados demais, e que todas as pessoas que de alguma forma nos prejudicaram merecem sofrer tanto quanto ou mais que nós.

Desejamos com toda a força que o mal que recebemos volte em dobro. Esquecemos a piedade e a empatia, porque achamos que nossa dor é sempre maior e merece ser compartilhada, devolvida. Não há espaço para a reconciliação. No Estado de Sofrimento nos afastamos das pessoas, rompemos laços por coisas tão pequenas que, aos olhos dos outros, chega a ser incompreensível.

Julgamos que qualquer ato de reaproximação de quem nos fez mal pode ser tomado como fraqueza e desejamos ser mais fortes que quem nos magoou. Sem liberar o perdão, sincero e fraterno, a quem nos fez mal, estaremos sempre reféns da raiva e da solidão. No Estado de Sofrimento também relutamos em pedir perdão. Nós nos achamos tão superiores, que imaginamos que todos devem recorrer a nós e que, mesmo quando estamos errados, merecemos ser procurados em todos os casos. "Eu não vou procurar o fulano", dizemos do alto de nosso orgulho. Preferimos enxergar e julgar os erros alheios.

As palavras parecem ser muito dolorosas. Dizer "perdão" ou pelo menos "me desculpe" parece causar mais sofrimento que a própria situação. Então, fazemos de conta que não fizemos nada e esperamos que as coisas se resolvam sozinhas. De repente elas parecem ter voltado ao normal, mas na verdade a mágoa continua por lá.

E o que representa o perdão frente a tudo isso? Ele representa a nossa LI-BER-TA-ÇÃO. Este livro é sobre liberdade. Eu quero que você SEJA LIVRE. Live de todo sofrimento causado pelo orgulho que te faz incapaz de reconhecer os próprios erros. LIVRE de todo rancor e mágoa dos perdões não concedidos ou mal resolvidos. LIVRE de todo autojulgamento e culpa que te impedem de se perdoar e aceitar que você também tem o direito de errar. Quero ajudar você a ser livre. Quero ajudar você a construir uma nova forma de se relacionar consigo mesmo e com os outros frente aos erros inevitáveis. Você está convidado a vir comigo nessa jornada em busca do perdão, da liberdade e da felicidade.

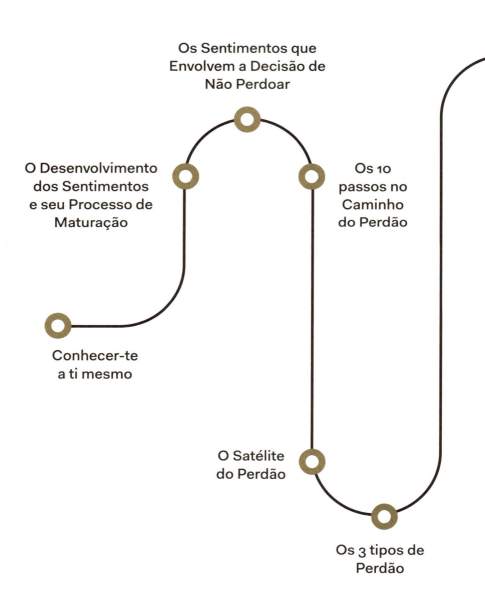

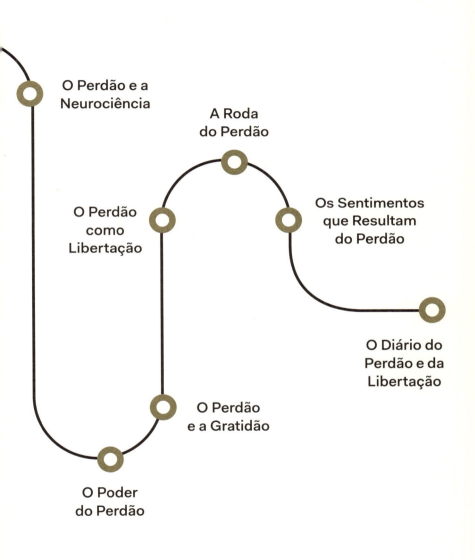

Capítulo 1

Conhece-te a ti mesmo

Eu costumo dizer sempre que mais doloroso do que conhecer seu lado sombra é justamente não o conhecer. Não saber qual caminho seguir, quais coisas fazem você infeliz, não conhecer seus medos e inseguranças, tudo isso pode fazer com que você "adoeça". E é nosso dever nos protegermos e cuidar bem de nós mesmos e da nossa saúde. Quanto mais nos conhecemos, mais nos curamos e nos potencializamos.

O CAMINHO DO PERDÃO

Imagine se você fosse acusado injustamente de algo, preso, torturado, carregado à força a algum lugar e apedrejado até sangrar. Se fosse crucificado com estacas nos pés e nas mãos e uma coroa de espinhos na cabeça, teria a capacidade de pedir que seus acusadores e torturadores fossem perdoados?

Jesus foi um homem que viveu há dois mil anos. Talvez ele seja a expressão máxima do amor. E o que fazia dele um homem grandioso e de intensa luz é que, além de tudo que nos deixou como ensinamento, tinha a capacidade de perdoar em qualquer circunstância, e o fez, quando disse: "Pai, perdoa-lhes. Eles não sabem o que fazem".

Você pode estar dizendo: "Mas Jesus era Jesus, né?".

Pois bem. E você? Até que ponto é capaz de perdoar alguém? Até que ponto é capaz de perdoar a si mesmo?

Em algum momento da sua vida pensou em perdoar alguém por ter feito algo que consideramos imperdoável? E existe de fato algo imperdoável?

Meu convite é que a partir de agora possamos refletir sobre o perdão. Perdão é um processo mental e espiritual. Você acaba com aquele nó dentro do seu coração. Você dissolve a raiva. Você decide se libertar de uma coisa que te prende mais que uma corrente de ferro. Você fica livre.

E essa decisão é só sua. Essa decisão transforma a noite em dia. Livra sua mente de tudo que te afasta da luz. Mas só encontra a luz dentro de si mesmo quem entende como funcionam os sentimentos ali dentro.

O ser humano é capaz de desenvolver vacinas e a cura para diversas doenças, construiu maravilhas para o mundo, ultrapassou barreiras do próprio planeta, do Sistema Solar, das galáxias. Mas ele não olha para dentro de si mesmo.

A pergunta é: você conhece esse universo que você é?

AUTOCONHECIMENTO

"Conhece-te a ti mesmo."

Você já deve ter ouvido essa frase. Ela está lá, nos livros, filmes, redes sociais. Mas nasceu há dois mil anos e até hoje se mantém poderosa. Em suas conversas, Sócrates dizia que só poderia desvendar algo se antes conhecesse a si mesmo. A frase remonta à Grécia antiga, há mais de dois mil anos, e até hoje se mantém uma poderosa reflexão. Essa sentença advém de uma suposta inscrição que existia no templo de Delfos: *"gnothi seauton"*. E foi explorada por Platão em alguns de seus diálogos, por meio de Sócrates. Em um diálogo presente no livro *Fedro*, ao ser indagado sobre a veracidade ou não de um mito, Sócrates responde que não pode investigar sobre aquilo que lhe é alheio sem antes conhecer a si mesmo.

O filósofo nos mostra, assim, que o autoconhecimento é sua principal investigação e é um exercício necessário para todos nós.

Aliás, quem duvida que autoconhecimento é necessário?

Quem conhece os próprios anseios, desejos, expectativas e sentimentos sabe do que tem medo e descobre que também tem muitos sentimentos que parecem negativos. Mas não recua.

Sabe aquela sensação de ver a si mesmo do avesso e perceber que aquilo faz parte de você? Pois é isso que o autoconhecimento faz. Quando você se conhece, começa a aceitar o que é de verdade e consegue dominar suas ações.

E a se perdoar.

Só que enxergar a si mesmo de forma integral não é uma tarefa fácil. E não existe fórmula mágica que faça surgir isso de uma hora para outra.

Mudamos o tempo todo e está tudo em movimento. E quem mergulha em si mesmo deve estar preparado para encontrar sua própria luz e sua sombra.

E é difícil encarar a própria sombra. Só que costumo dizer que mais doloroso do que conhecer seu lado sombra é justamente não conhecê-lo. Quanto mais nos conhecemos, mais nos curamos e mais nos potencializamos.

Já pensou não saber qual caminho seguir, não entender quais coisas fazem você infeliz, não conhecer seus medos e inseguranças?

Já vi uma porção de gente adoecendo por causa disso. E quando nos conhecemos, nos curamos. E curados, ficamos potentes. Potentes e seguros.

Aprendemos a ser mais resilientes, mais resistentes e mais flexíveis. Isso porque, quando conhecemos nossas limitações, atuamos ativamente para superá-las. Podemos encará-las como desafios.

A pergunta que te faço agora é: o que move suas ações do dia a dia? O que está por trás de seus comportamentos, sensações e emoções? Você se responsabiliza por suas atitudes, tanto as boas quanto as ruins?

Quando estamos conscientes de nossos hábitos, não perdemos mais tempo culpando o mundo por tudo o que acontece em nossas vidas. Nossas crenças mudam. E se você não está familiarizado com o termo "crenças", aí vai um pouquinho do que quero dizer com isso.

Crenças

Sabe aquela criança que a mãe sempre dizia que era incapaz de tudo? Pois bem. Essa criança cresce acreditando naquilo. Ela pode ser desmotivada pela mãe a vida toda e, quando chega na idade adulta, acredita tanto naquilo que não é capaz de realizar nada.

Essas crenças ficam ali, instaladas no inconsciente. E empacam as pessoas. Até que elas desistem por acreditar que não são capazes de nada.

Já uma criança que ouve a mãe incentivá-la o tempo todo e acredita em si mesma desde cedo acaba se tornando mais confiante. Ou seja: as chances de essa criança conseguir o que se propõe a fazer são muito maiores do que a criança que foi massacrada durante toda a infância.

A parte boa é que somos capazes de moldar nossas crenças para obtermos os melhores resultados.

Dei dois exemplos antagônicos para que você perceba que crenças estão instaladas em nós desde que nascemos, porque cada um nasce numa sociedade, num país, dentro de um contexto familiar, e desde o nosso nascimento, já se inicia um condicionamento social para vivermos de determinado modo, de acordo com as possibilidades e as crenças que nossos progenitores (ou cuidadores) nos oferecem. É por isso que herdamos tantas crenças.

Você tem o seu jeito de pensar, de agir, teme algumas coisas mais do que outras, tem expectativas, é influenciado por amigos e hoje, com as redes sociais, é influenciado por pessoas que nem conhece.

Mas as crenças têm um poder muito grande sobre nós. E às vezes nem imaginamos isso.

Você sabia que a sua saúde é influenciada pelas suas crenças? Que a sua vida é influenciada por elas? Que muita gente não se adapta a determinados contextos por conta das crenças?

Logo, conhecer a si mesmo é necessário. Por isso aquela frase se torna tão cheia de significados e sobrevive ao longo do tempo. Conhecer a si mesmo é a chave para muitas das coisas que falaremos neste livro.

AS CINCO FONTES
DE AUTOCONHECIMENTO

Já que estamos falando tanto de autoconhecimento, vou trazer para você as cinco fontes de autoconhecimento propostas pelo psicólogo social Jonathon D. Brown, ph.D. da Universidade de Washington.

Estas são as cinco fontes de autoconhecimento. Por meio delas, podemos aprender caminhos para conhecer a nós mesmos.

Dessa forma, podemos:

1. consultar o mundo físico, concreto;
2. comparar-nos com outros – comparação social;
3. incorporar as opiniões dos outros – avaliação refletida;
4. olhar para dentro de nós mesmos – introspecção;
5. examinar nossos próprios comportamentos e o contexto em que acontecem – percepção própria e de suas atribuições.

1. O mundo físico

Você pode subir em uma balança e saber quanto pesa. Pode medir a si mesmo e saber sua altura, mas nem tudo sobre você pode ser dito pelo mundo físico, simplesmente porque ninguém consegue dizer o quão generosa uma pessoa é apenas pela cor dos olhos dela.

Não existem medidas, como os quilos apontados em uma balança, capazes de dizer se você é confiável ou não.

Da mesma forma, nem sempre que subimos em uma balança e sabemos nosso peso temos certeza se estamos acima ou abaixo da medida ideal.

Para tirar a prova disso, eu preciso saber quanto medem e pesam as pessoas da mesma altura que eu. Logo, esse é o tipo de informação obtida por meio de uma comparação social – ou seja, você é comparado a outras pessoas com os mesmos aspectos que você.

2. Comparação social

Então, para saber se você está no peso certo, precisa compará-lo com o de outras pessoas, certo? Isso se chama comparação social.

Leon Festinger, um psicólogo social americano, propôs em 1954 a Social Comparison Theory (Teoria da Comparação Social). O núcleo central dessa teoria é justamente que aprendemos mais sobre nós mesmos ao nos compararmos com outros.

Por exemplo, se você é corredor, só é capaz de saber se é rápido ou lento quando compara seu tempo de corrida e quilometragem com outro corredor.

Dessa maneira, quando buscamos verdades sobre nós mesmos, costumamos nos comparar com outras pessoas que estejam em uma situação semelhante à nossa. Mas cuidado, voltemos ao caso do corredor: se comparamos um corredor adulto e profissional a uma criança, não vale. A comparação, para ser justa, precisa ser com pessoas com características semelhantes.

O autoconhecimento não é o único motivo que leva as pessoas a se compararem socialmente. Podemos nos comparar com pessoas que acreditam estar em uma situação melhor (processo de comparação dirigida para cima) e com pessoas que acreditam estar em uma situação pior (processo de comparação dirigida para baixo). É comum que haja comparações dirigidas para cima quando alguém busca inspiração e motivação, por exemplo: "se ele consegue fazer isso, eu também consigo"; e comparações dirigidas para baixo como forma de consolo ou de se sentir melhor, por exemplo: "posso não ser rico, mas pelo menos tenho uma casa onde morar, ao contrário de muitas pessoas que moram na rua".

3. Avaliações refletidas

Além de todas comparações, existem algumas em especial, com nossos parentes, amigos, professores, entre outros, que nos afetam bem mais. Você sabe como se sente quando uma pessoa que você estima pensa algo ruim sobre você.

O modo como acreditamos que as pessoas nos percebem muda de fato a nossa percepção sobre nós mesmos. É como se existissem pessoas que servem como um espelho que nos reflete. Isso funciona para o bem e para o mal.

Ficamos imaginando o que determinadas pessoas pensam de nós e como nos julgam, e o que nos afeta de verdade é o que imaginamos que as pessoas pensam sobre nós.

Em alguns casos as outras pessoas dizem o que pensam. E o que elas dizem pode ser aceito e se tornar parte da gente, e acabamos incorporando tudo aquilo, aceitando e construindo uma noção do que somos.

Pergunte a si mesmo: como você escuta e incorpora as críticas que ouve?

4. Introspecção

Olhar para dentro e consultar os próprios pensamentos, sentimentos, motivos e desejos nos faz aprender sempre.

E isso envolve outro processo, chamado de autopercepção. Não apenas sentimentos e pensamentos são fontes de autoconhecimento, através da introspecção nós também podemos aprender a examinar nossos próprios comportamentos.

5. Autopercepção

A introspecção e a autopercepção possuem algumas diferenças.

Quem te enxerga de fora pode analisar o seu comportamento, mas só você é capaz de fazer isso introspectivamente, conhecendo seus motivos e analisando suas atitudes para chegar a conclusões lógicas sobre o porquê de você ter agido de determinada forma, e não de outra.

Autopercepção é nada mais nada menos que perceber a si mesmo. Saber observar seus próprios comportamentos, tanto internos quanto externos. Isso em um primeiro momento. O objetivo é perceber e pensar sobre.

O mais importante é a explicação que atribuímos aos nossos comportamentos. Muitas vezes isso não está claro porque fazemos muitas coisas de forma inconsciente, mas por meio da introspecção e da autopercepção podemos formular ou atribuir perguntas, indagações e explicações sobre nossas próprias ações e responder os porquês de nossos comportamentos de maneira consciente.

Autoconhecimento e perdão

Mas o que tudo isso tem a ver com perdão?

Se você sabe como se vê, como o outro te vê, se consegue perceber a si mesmo e entender por que agiu de determinada maneira, é capaz de se perdoar.

O perdão parte de um movimento interior, e antes de *qualquer coisa* precisamos perdoar a nós mesmos.

Mas como me perdoo se eu não me conheço? Se sei quem sou, sei o sentido da minha vida, me conheço verdadeiramente, me torno capaz de refletir sobre as minhas questões existenciais.

Quando eu me observo, me torno capaz de mudar o jeito que manifesto meus valores e comportamentos.

E desta forma nos relacionamos melhor com o mundo. Quem se conhece de verdade se relaciona melhor com os outros. Quem se conhece, se perdoa, porque se descobre por inteiro. Porque se aceita. Porque não se culpa pelo que é apontado de fora.

Quem se aceita amadurece. Sabe receber críticas. Sabe perdoar as próprias limitações e superá-las.

Todos temos limitações. Mas cada um evolui a seu tempo. Não cabe a nós julgar, mas, sim, perdoar e compreender, sempre que possível. E mesmo quando não pudermos compreender ainda, seja pelo momento que estamos vivendo, seja devido ao estágio de maturidade em que nos encontramos, seja por qualquer outro motivo, o perdão é o caminho para atingirmos o nosso melhor "eu".

Praticando

Quanto mais nos conhecemos, mais sabemos quais são nossos pontos fortes e nossos pontos de melhoria. Conhecer-nos faz encontrar aquilo que poderá nos conduzir às situações de perdão. A seguir, temos planilhas de autoconhecimento. É sempre bom colocar ideias no papel, porque o ato de escrever organiza melhor nossa mente, e é isso que produz os efeitos que queremos, os resultados na prática. Complete as colunas a seguir, em cada uma das planilhas, com pelo menos cinco itens ou o máximo que você conseguir.

meus pontos fortes	meus pontos de melhoria

coisas que gosto de fazer	coisas que não gosto de fazer
coisas que gosto em mim	coisas que não gosto em mim

coisas que são prioridade para mim	coisas que não são prioridade para mim

Anotações

Capítulo 2

O desenvolvimento dos sentimentos

O ser humano já maduro tem tanto controle de sua afetividade, que está pronto para viver o amor de forma completa, entregando-se de corpo e alma ao outro.

O DESENVOLVIMENTO DOS SENTIMENTOS E SEU PROCESSO DE MATURAÇÃO

Você certamente já sentiu uma coisa ruim dentro do peito. Aquele sentimento difícil de tirar de você e que nos mostra que há algo mal resolvido em nossas vidas. Pois é, mas o bom é que todos os sentimentos que conhecemos como ruins podem ser ressignificados.

Sabe como?

Quando instituímos o perdão em nossas vidas.

Praticar o perdão não é nada fácil. Para isso, precisamos de muita maturidade e, como dissemos aqui, desenvolvimento pessoal. Todos passamos pelas quatro fases: infância, adolescência, juventude e idade adulta.

Conforme crescemos e amadurecemos, vamos encontrando versões melhores de nós mesmos. Como se estivéssemos sempre em busca da nossa divindade interior. Muitos chamam isso de "plenitude".

E para encontrar a maturidade nas emoções, precisamos conquistar os sete traços de maturidade, que são:

1. Espontaneidade
2. Adaptabilidade
3. Autorresponsabilidade
4. Dualidade
5. Doar e Receber
6. Merecimento
7. Recomeço

Ter maturidade nas emoções é fundamental para seguir rumo ao perdão. E essa maturidade pode ser conquistada por meio destes sete traços.

Já percebeu que o orgulho e a revolta são empecilhos para perdoar? Que é impossível perdoar quando estamos emocionalmente imaturos? E quem não se conhece, não se aceita. Não aceita a própria história de vida.

Será que você já viajou pelas fases da sua vida? Está disposto a fazer tal viagem?

1. Infância

Em geral, considera-se infância todo o período que vai da concepção, da vida intrauterina, até aproximadamente os dez anos de idade. Esse marco dos dez anos é apenas um referencial mais ou menos arbitrário. Dependendo da cultura em que está inserida, e até mesmo do próprio desenvolvimento particular da criança, essa idade pode variar um pouco para mais ou para menos.

É na infância que o nosso corpo se transforma diariamente. É extraordinário perceber todas as mudanças que começam no útero, quando o feto já recebe estímulos e depois, quando bebê, já é capaz de responder às expressões humanas e imitar os adultos. Só que o bebê ainda é emocionalmente imaturo.

O cérebro está se desenvolvendo até que a criança se manifeste através da linguagem, que é quando os pais e mães ficam mais animados. Afinal, uma criança aprendendo a falar é um fenômeno incrível de acompanhar.

Só que a criança não sabe o que é perdoar, porque ainda não tem uma noção clara de si mesma.

Você deve se lembrar de que, quando era pequeno, não tinha vergonha nem culpa de nada. Não temos entendimento do que é certo e do que é errado quando somos crianças. Quando estávamos correndo sem roupa ou dançando em uma festinha infantil, não sentíamos constrangimento nenhum. Mas as proibições começam a partir daí. E é quando a criança entende que existem coisas que ela pode fazer e coisas que ela não pode fazer, porque seus pais ou cuidadores impõem determinados limites.

Você já deve ter percebido que depois de três ou quatro anos de vida as crianças começam a perceber tais proibições, sabem o que pode e ou não ser feito. É aí que começam a desenvolver o senso crítico, ético e moral.

Muitos de nós lembramos de quando éramos crianças e vivíamos num mundo de fantasias sem qualquer controle da nossa criança interior. Uma criança simplesmente age de acordo com suas vontades e, quando recebe estímulos do mundo, lida com eles sem muitos problemas porque é espontânea.

É nessa fase que a criança recebe amor, é isso que a capacita a avançar plenamente para as outras etapas do desenvolvimento deste sentimento. Sabe aquelas brigas infantis de jardim de infância? Talvez você já tenha percebido que as crianças não prejudicam um amigo pensando em fazer mal a ele. Elas ainda não têm intenção de serem melhores que os outros ou competir entre si.

Então, quando você presencia uma briga entre duas crianças que dois minutos depois estão conversando como se nada tivesse acontecido, saiba que é porque elas não guardam mágoas nem magoam e, por isso, não pedem perdão e nem precisam perdoar.

2. Adolescência

Na adolescência muitas coisas mudam. Não somos crianças, nem adultos, estamos cheios de turbulências emocionais e tensões e elas vêm acompanhadas pelas mudanças hormonais e físicas.

A voz se transforma, os seios crescem, os pelos surgem. Fora as mudanças culturais e ambientais. Todas essas transformações do início da puberdade acontecem ao mesmo tempo que as mudanças profundas na forma de se relacionar. Tal etapa é crucial para a formação da identidade. O adolescente começa a escolher caminhos, formações acadêmicas, opções profissionais e um projeto de vida.

São mil atividades fora do contexto familiar, novas amizades, e novos desafios. Por falar em desafios, os adolescentes adoram desafiar limites impostos pelos pais. Ao começar a dedicar mais tempo a atividades fora do contexto familiar e a conviver mais intimamente com pessoas da mesma faixa etária, os adolescentes começam a desafiar a autoridade parental que havia sido estabelecida até então. Tudo isso proporciona um tipo de maturação muito particular a essa etapa.

Sabe a fantasia da infância? Dá espaço para emoções que se alternam o tempo todo. O mundo fantasioso é diluído a novas formas, e o "eu" volta-se para si mesmo, em meio a um turbilhão de emoções, sentimentos e racionalizações que demonstram instabilidade afetiva e alternância de opiniões e comportamentos.

O comportamento também muda com frequência, então é difícil perceber quais são as reais motivações do adolescente.

E perceba que curioso: nessa fase, depois de receber tanto amor, ele está treinado para amar. Mas para um amor do tipo maduro... isso é bem diferente do jeito como aquela criança levava a vida, sem julgar ou criticar. Aliás, quem convive com adolescentes sabe que eles criticam absolutamente tudo, e quer saber de uma coisa? Isso é primordial para o desenvolvimento de seu senso crítico, mas evidencia que seu senso de responsabilidade ainda está em processo de amadurecimento, pois ele não pensa no quão legítima é a sua forma de agir.

Em meio a tudo isso, o adolescente sabe o que é perdão e o quanto isso é importante. Mas, no fundo, ele está tão voltado para si mesmo que acha que as pessoas precisam perdoá-lo, e não o contrário. E culpam os próprios pais por tudo.

Após os anos conturbados da adolescência, dos primeiros amores, das primeiras brigas, das primeiras conquistas, chegamos à fase da juventude, fase dos questionamentos, das incertezas, mas de um profundo interesse pelo mundo e por comunhão com ele. Isso vai influenciar diretamente a forma como o jovem se relaciona com as pessoas, demonstrando uma afetividade muito mais estável que o adolescente.

Contudo, ele tende a ser mais egoísta no que diz respeito a seus próprios interesses.

3. Juventude

Alegra-te, jovem, com a tua juventude! Goza cada minuto dela! Faz tudo o que tiveres planejado. Mas não te esqueças que terás de dar conta a Deus de cada coisa que fizeres. Evita, pois, aquilo que provocar desgostos e sofrimento; lembra-te que a juventude, com toda uma vida por diante, passa como um vento.
Eclesiastes 11, 9-10

Juventude: época de inconsequências e transição, em que estamos na direção da tão sonhada maturidade que vem em várias formas: física, moral e intelectual.

Muitos querem ser eternamente jovens, mas precisamos aceitar que a juventude acaba e não dá para viver para sempre estagnado neste período.

Quando somos jovens temos a capacidade de lidar com questões que na adolescência não tinham resposta. Se na adolescência as coisas são tumultuadas, na juventude buscamos vínculos mais sérios. Isso exige uma certa dose de compromisso.

É nesse momento que todo jovem começa a pensar mais nas próprias ações para não prejudicar os outros. E mesmo que não consiga absorver críticas, ele compreende seu papel no mundo com mais facilidade e se adapta às situações.

Então, ele se torna mais apto a colocar em prática os três tipos de perdão e começa a entender seus próprios pais.

4. Fase adulta

Ela chega para todo mundo: a fase adulta. É nela que finalmente ganhamos responsabilidade, adquirimos papéis sociais e passamos a vivenciar o mundo real e objetivo.

Quem chegou a essa fase vai entender: o adulto sabe o que quer e o que é preciso para chegar onde quer. Pede ajuda, não fica travado diante dos obstáculos e tem mais controle de sua afetividade.

Se você é adulto, não foge de suas responsabilidades, e sabe como argumentar em cada ação. Tem também a questão da perseverança e facilidade em conviver com as pessoas e contornar conflitos.

O bom de tudo isso é que quando somos adultos reconhecemos o significado real do perdão, porque perdoamos a nós mesmos e aos outros. Deixamos o passado para trás e seguimos firmes para alcançar a felicidade.

Praticando

Durante anos desenvolvi uma diversidade de ferramentas que envolvem os processos de conhecimento das fases da nossa vida. É incrível a força que há no conhecimento da nossa própria história e no poder de contarmos uma nova história da nossa história. Para praticar o caminho do perdão, rumo à felicidade, quero fazer um convite, neste segundo momento, para que você possa reconstruir a sua própria história.

A sua história tem muita força. É o que fica para a posteridade, e você é o autor dela.

Para praticarmos o perdão, precisamos entender e saber que somos os autores da nossa história. Por isso te convido: vamos reconstruir sua história?

Se você escrevesse um livro da sua vida, que título ele teria?

_____

_____

Agora vamos ser mais específicos: como seus pais se conheceram? Você foi uma criança esperada ou algum outro motivo fez com que sua mãe engravidasse?

_____

_____

_____

_____

_____

_____

Como foi sua infância? Suas maiores lembranças podem te ajudar a compor sua história.

_____

_____

_____

_____

_____

Tente resgatar os momentos marcantes da adolescência resumindo em algumas linhas.

_____

_____

_____

_____

_____

Sua juventude foi um período que deixou que tipo de lembranças?

_____

_____

_____

_____

_____

Já chegou à vida adulta? Faça um resumo da sua vida adulta e traga os sentimentos à tona.

_____

_____

_____

_____

Anotações

Anotações

Capítulo 3
A resistência a perdoar

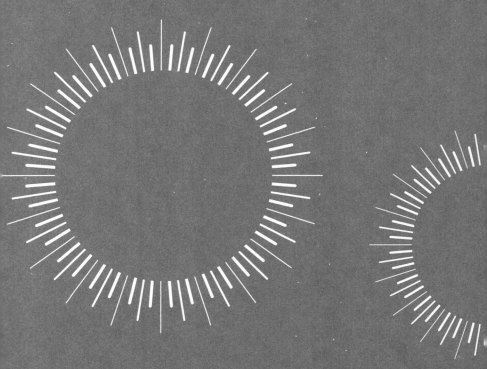

Sentimentos ruins fazem parte de nossa vida e de nossa condição humana. O que é verdadeiramente importante é a forma como lidamos com esses sentimentos que emergem dentro de nós.

OS SENTIMENTOS DE RESISTÊNCIA AO PERDÃO

Você já sentiu um nó na garganta em alguma situação específica? Carregando um peso que não é seu, mas está sobre você? Muitas pessoas passam a vida carregando dentro de si a necessidade de perdoar. Outros, de serem perdoados.

E o perdão precisa entrar em cena o tempo todo. Mas o que nos faz resistir? Orgulho, necessidade de demonstrar força ou outros tipos de resistências. Sentimentos e emoções que precisam ser entendidos e trabalhados se quisermos seguir pelo caminho do perdão.

Decepção

A decepção é um entrave no caminho de muita gente. Mas a maior parte das pessoas nem sequer percebe como colhe a decepção. Imagine que você tem uma expectativa sobre alguma coisa. Você começa a sair com uma pessoa, se apaixona e logo começa a fazer planos e a sonhar com a vida a dois. A sua mente começa a criar cenários e esperanças constantes, mas, em dado momento, essa expectativa, que era só sua, não é atendida. Ou seja: nada daquilo que sua mente criou acontece de verdade.

A outra pessoa não quer se casar nem ter filhos com você. Era apenas uma aventura amorosa. E você, que estava envolvido ou envolvida numa relação e criava expectativas para um futuro, se vê numa profunda decepção, que nasce de uma frustração.

Entenda que a decepção é a última ponta da Tríade do Desequilíbrio Emocional, composta por expectativa, frustração e decepção.

Mas, quem não cria expectativas? Criamos expectativas o tempo todo. Começamos um novo curso, entramos na faculdade, ou simplesmente iniciamos um projeto. As expectativas nos movem, mas ao mesmo tempo, quando não são atendidas, nos frustram. E todos nós já passamos por isso, ficando insatisfeitos por não termos a possibilidade de atingir determinados objetivos.

Algumas situações nos deixam mais frustrados que outras. Assim como as decepções, elas são diferentes. Quem teve um casamento que não deu certo sabe bem o que é isso. Muita expectativa, uma frustração que traz uma intensa decepção. Essa expectativa não atendida é diferente de quando você vê uma roupa na vitrine e não encontra uma do seu número, certo?

Só que quando nos decepcionamos com alguém, por exemplo, essa ferida pode se transformar em mágoa, raiva, ressentimento e nos causar uma tristeza profunda. E isso vai depender da forma como reagimos à decepção. Preste atenção: quem se decepciona começa a lembrar dos acontecimentos e ficar remoendo aquela situação, até se diminuir, se sentir pior e ter raiva de quem causou a tristeza, como se a pessoa encarnasse todo o mal que existe na Terra.

O mais curioso é que os especialistas dizem que quem mais se decepciona são os otimistas, porque otimista é mestre em criar expectativas. Ou seja: esperar demais tem seu preço.

Isso traz mais frustrações.

Mas a grande diferença é que o otimista cai e se levanta. Porque ele acredita na oportunidade de recomeçar e fazer tudo de uma maneira melhor do que antes. Ele acredita que pode ter uma nova oportunidade de trabalho, de projeto, de recomeço, de amor. Ele acredita que tudo é possível e que se não deu certo outra situação melhor virá.

Portanto, ele não fica preso na decepção da expectativa não atendida. Ele espera, mas quando se decepciona, sabe que é bola para a frente.

Mágoa

A mágoa é aquela ferida profunda que traz uma tristeza intensa. E sabe quanto tempo ela fica instalada? É proporcional à intensidade do amor que sentimos pelo outro e à expectativa que criamos sobre o sentimento do outro.

Quando somos traídos ou enganados por quem amamos, seja um cônjuge, um amigo ou um familiar, nos magoamos. Entretanto, não somos enganados, passados para trás, desrespeitados ou traídos uma única vez na vida. Isso acontece diversas vezes e você já deve ter vivido isso.

Só que às vezes essa ferida fica lá e só aumenta.

Lembra quando você era criança e caía de bicicleta, ficando com o joelho todo ralado? Aquele ferimento ficava lá até cicatrizar, e nossa mãe cuidava direitinho dele. Mas se caíssemos todos os dias e machucássemos o mesmo lugar com a ferida aberta, imagine só o que poderia acontecer? Pois é: a ferida não cicatriza nunca. E aquilo só piora.

A mágoa é como essa ferida. Quando ela não é curada, é um veneno para a nossa saúde.

Você deve estar se perguntando: mas o que cura a mágoa? Será que é bom esquecer, deixar para lá ou jogar para baixo do tapete?

Nada disso. Porque conforme o tempo passa, aquilo se acumula e você acaba sentindo outra coisa: a raiva.

Raiva

Sabe aqueles momentos em que você perde a razão? Em que é tomado pelas emoções depois de uma injustiça, vergonha ou humilhação? Quando literalmente leva a pedrada e fica ali, sentindo que foi tudo sem ter um porquê?

Pois bem: essa é a raiva.

Quando o sistema límbico é estimulado, a parte do cérebro que controla a racionalidade, nomeada córtex pré-frontal, para de funcionar como de costume, e a raiva se manifesta.

Quem vive estressado e entra num modo de batalha acaba ficando mais violento diante de situações que o cérebro entende como perigosas.

É com raiva que a gente fala coisas que não diria em momentos tranquilos. É com raiva que tomamos atitudes que ninguém acredita. A raiva deixa o corpo quente, o rosto vermelho, e tem gente que até treme ao senti-la.

Além das consequências físicas, ela aumenta as sensações ruins e pode provocar rachaduras graves nas relações. Seja como for, é importante recuperarmos a razão que nos foi tirada diante de um momento de raiva.

Sabe aquela coisa de contar até dez? Pois é, funciona. Porque podemos mudar uma situação em que estivermos fazendo uma tempestade em copo d'água.

E, acredite, a raiva passa em noventa segundos. Por isso, respire fundo durante esse período. Ela vai passar. Pense no que causou esse sentimento, e faça uma análise: quando olha para a situação, você consegue perceber o que se esconde por trás da raiva? É medo? Culpa? Necessidade de manipular o outro ou de obter reconhecimento? É rejeição ou sentimento de impotência? Será que é a raiva que sentimos de nós mesmos? O que a sua raiva está "camuflando"? O que você pode aprender com ela?

Ressentimento

Muitas pessoas se ressentem de coisas que aconteceram há muito tempo. Ficam anos relembrando os episódios e tudo o que foi dito, repetindo o cenário mental exaustivamente, até voltar a sentir toda a raiva e mágoa.

Quando você sente a mesma coisa várias vezes, você repete aquele sentimento, certo? Assim, ressentir é sentir novamente, e se tomamos o ato de sofrer como um sentimento, ressentir é sofrer de novo, como um ciclo que não gera vida, mas angústia.

O ressentimento costuma estar associado a ocasiões ruins. Dificilmente nós remoemos sentimentos bons, porque os sentimos e pronto. Só que quando estamos ressentidos, usamos algo aparentemente superado contra quem nos magoou.

O ressentimento pode e deve ser superado, pois não devemos nos apegar a mágoas que desestabilizam nossa vida emocional, espiritual e até nossa saúde física. Ressentir algo ruim é corrosivo e faz mal à saúde mental, física e espiritual.

Tristeza

Quem assistiu ao filme *Divertidamente* conhece a importância da tristeza. Sem ela, não existiria a alegria.

Só que muitas vezes as pessoas não querem que ela exista. Todo mundo foge da tristeza e quer fingir que ela não está presente. Muitos tentam se livrar dela por meio de medicamentos e do abuso de álcool ou drogas. É uma tentativa de abolir a tristeza que faz isso ficar ainda mais grave.

Você já deve ter percebido o número crescente de casos de depressão. A depressão representa um quadro patológico que necessita de tratamento e, muitas vezes, de medicamentos. Apesar disso, no seu cotidiano, você já deve ter se deparado com diversas pessoas utilizando a palavra "depressão" de forma vaga, geralmente como sinônimo de tristeza ou melancolia.

Mas tristeza e depressão não são a mesma coisa. É fundamental destacar que, em termos gerais, a tristeza é um sentimento natural e é normal senti-la. Temos que entender que a tristeza faz parte de nossas vidas e de nossa condição humana.

Mas como você lida com a tristeza? Martin Seligman, da Universidade da Pensilvânia, afirma que a tristeza proporciona a quem a sente um momento de reflexão, de voltar o olhar para dentro de si mesmo e, em meio ao turbilhão de sentimentos, a capacidade de se conhecer melhor, saber mais sobre seus gostos e o que realmente lhe proporciona o tão desejado sentimento de felicidade.

Um dos pilares do budismo é o princípio de que tudo é passageiro. Portanto, se as coisas estão ruins, no momento seguinte elas podem ficar boas. Por esse ponto de vista, a tristeza passa a ser apenas um trecho da estrada chamada Vida. Como o próprio Vinicius de Moraes, no "Samba da bênção", disse: "É melhor ser alegre que ser triste". No entanto, precisamos de um bocado de tristeza, pois é ela que nos mostra e prova o valor e a beleza da vida.

Orgulho

O sentimento de orgulho pode ser um grande obstáculo a ser superado quando decidimos exercitar o perdão.

Para começar, vamos esclarecer o que essa palavra quer dizer.

Orgulho pode significar ao mesmo tempo uma coisa positiva e uma coisa negativa. No próprio dicionário temos significados distintos.

A palavra "orgulho" pode ser usada para falar sobre um sentimento de estima e de respeito por valores tanto pessoais como por pessoas próximas. Um pai que sente orgulho de seus filhos manifesta esse sentimento de forma positiva.

Pode também ser usada para mostrar satisfação em relação a tarefas realizadas como, por exemplo, quando alguém diz "tenho orgulho do meu emprego".

Quando manifestado dessa forma, esse sentimento é positivo.

Por outro lado, nem sempre usamos a palavra "orgulho" assim. Muitas vezes ela não significa respeito nem valorização pessoal. Ela possui também um sentido negativo, ou pejorativo, pois pode denotar arrogância e soberba. Por exemplo, uma pessoa muito orgulhosa pode se considerar melhor que todas as outras.

Muitas pessoas se sentem melhores que as outras e por isso não conseguem perdoar, porque acreditam que perderão a dignidade ao fazerem isso.

Esse tipo de orgulho leva ao egoísmo, constituindo assim um obstáculo no caminho do perdão, e cria um amor-próprio frágil. O orgulho pode fazer o indivíduo associar o perdão com a perda de sua dignidade.

Sabe quando a pessoa acredita que conceder o perdão a alguém que lhe fez alguma injustiça seria como se entregar?

O orgulho é, portanto, uma faca de dois gumes.

Esse orgulho negativo deve ser substituído pela humildade. Afinal, como já vimos, o perdão não é uma concessão à nossa custa para o outro que "merece" ou "não merece" ser perdoado. O perdão é uma concessão para nós mesmos, para nos desvencilharmos de sentimentos que atravancam a nossa vida.

Praticando

Que tal meditar um pouco?

Convido você a vivenciar uma experiência de meditação, um processo de cura, com o objetivo de melhorar seu bem-estar geral e sua saúde ao ressignificar experiências negativas, padrões de pensamento e crenças bloqueadoras, sejam eles criados ou herdados.

Espero que após essa meditação você sinta mudanças e transforme seu pensamento. Para isso, feche os olhos, deixe os seus sentidos conectados, esqueça um pouco o que vê.

Quando fechamos os olhos, nossa visão se torna infinita, e talvez, ao prestar atenção na sua respiração, você perceba a sua frequência cardíaca diminuindo, sua respiração mais tranquila e um estado de paz profundo.

Preste atenção em todos os movimentos do corpo, inclusive os seus pés tocando o chão e a temperatura do ambiente.

Leve a sua atenção para coração e pulmões e inspire e expire lentamente. Como se sente?

No seu próprio tempo, busque todos os sentimentos ruins que existem dentro de você como se estivesse abrindo uma gaveta. Encontre cada um deles e os nomeie.

Será que você consegue se lembrar de onde eles vêm? Que situações você vivenciou por conta desses sentimentos destrutivos? Que tipo de pessoas, situações e eventos eles têm atraído para sua vida? E quem eles afastaram? Imagine todos os sentimentos ruins, busque em cada pedacinho do seu corpo e das suas memórias toda a incongruência, toda a dor, raiva, revolta, mágoa. Reúna todos os sentimentos ruins que se recorda de ter sentido, ou que ainda sente presentes em sua vida.

Permita-se reuni-los. Em instantes, quando sentir verdadeiramente que esses sentimentos estão presentes e são moldáveis como um pedaço de argila, escolha, dentre todos eles, o sentimento ruim mais intenso de todos e foque nele.

Tudo bem se você quiser passar para a próxima etapa do exercício levando todos os demais sentimentos ruins também. A escolha é somente sua.

Então abra os olhos, pegue papel e caneta e escreva uma carta para esse(s) sentimento(s) que causou mágoa, decepção, raiva, tristeza. Transfira para o papel toda a dor, toda a incongruência de dentro de você. Ao terminar de escrever, feche os olhos por mais alguns instantes e volte a sentir seu corpo.

Quando estiver pronto, você estará apto para o próximo movimento: abra seus olhos e queime a carta em um ambiente seguro.

Perceba que os sentimentos que você transferiu para o papel agora são apenas cinzas, lembranças de um passado que não tem mais sentido. Caso não queira queimar o papel, você pode usar qualquer outra tática, como colocar debaixo d'água, lançar os pedaços da carta ao vento, entre outras, mas o importante é não guardá-la.

É preciso liberar os sentimentos ruins, deixar que eles voem para longe, para que apenas as emoções genuinamente positivas permaneçam. Ao finalizar este exercício, convido você a fazer um último movimento. De frente para um espelho, olhe dentro dos seus olhos e verbalize para você mesmo como foi essa experiência. Se preferir, ainda, compartilhe com alguém sobre como está sendo para você participar desse treinamento, como foi para você realizar esse exercício, o que sentia antes de escrever a carta e como se sente agora após tirar de você os sentimentos ruins.

Faça esse compartilhamento da maneira como preferir. Então reflita sobre como você realmente se sente depois disso.

Quais foram os seus maiores aprendizados até o presente momento? Talvez você esteja tomado por sentimentos que ainda não sabe descrever, e tudo bem se isso estiver acontecendo. O importante é que você não se sinta a mesma pessoa de antes.

Lembre-se: só se faz o caminho caminhando, e você agora já não está mais no mesmo lugar de antes. Parabéns! Você está indo muito bem.

Capítulo 4

Os dez passos no caminho rumo ao perdão

Viver uma vida plena e saudável em todos os seus aspectos só é possível através do perdão. Perdoar é se libertar de sentimentos e ressentimentos que te afetam e te consomem constantemente.

CAMINHAR O CAMINHO

Imagine que você tem uma grande caixa de ferramentas nas mãos e dentro dela existam ferramentas para tudo. Conforme as coisas vão quebrando dentro da sua casa, você abre a caixa e pega sempre a mesma ferramenta, porque é a única que sabe usar.

Mas ali existem ferramentas mais adequadas que podem te ajudar de maneira mais rápida e efetiva.

Então, o que fazer?

Trago aqui um tutorial dessa caixa de ferramentas. Ou seja: se estamos falando de atingir certo grau de maturidade para conseguir praticar o perdão, você precisa saber usar as ferramentas certas. E é o que vamos praticar agora.

Assim como você, estou em movimento o tempo todo. Porque meu objetivo de vida é evoluir enquanto ser humano. E, dentro dessa evolução, exercitar o meu propósito, meu legado, deixando a minha marca no mundo.

Só que enquanto caminhamos, temos que lidar tanto com a nossa luz quanto com a nossa sombra, porque somos humanos e precisamos reconhecer tudo que temos de ruim. Precisamos reconhecer a nossa sombra.

Eu só sei de tudo isso porque vivi na pele. E, conforme estudei, identifiquei fatores importantes para poder criar o caminho do perdão em dez passos. Porque o perdão transforma. Quem perdoa é mais feliz.

1º Permissão para perdoar

2º Aceitação de si mesmo

3º Diálogo interno e foco no perdão

4º Entenda o objetivo do perdão

5º Viva o aqui e o agora

6º Permita-se ressignificar

7º Pense positivo

8º Viva com amor

9º Busque aprendizado

10º Seja verdadeiro

1º passo: permissão para perdoar

Dar o primeiro passo é uma questão de querer.

Assim, o primeiro movimento rumo ao perdão é se permitir perdoar, seja qual for o tipo de perdão. Isso nos liberta de sentimentos ruins, inclusive do estresse, cortando o vínculo que você possui com aquele que te magoou ou com a situação que te feriu.

Permitir que o perdão aconteça é tomar a decisão de não sofrer mais. Tanto a decisão de perdoar quanto a de não perdoar são escolhas legítimas que cada um de nós tem a liberdade de fazer. Por isso ressalto a importância da decisão e da permissão para sermos verdadeiramente capazes do perdão, pois perdoar é uma escolha.

De 0 a 10, que nota você atribui à liberdade que tem se dado para perdoar?

2º passo: aceitação de si mesmo

Talvez você tenha sofrido alguma injustiça em sua vida. Mas vamos supor que tenha sofrido uma agressão, que está tatuada na sua alma e que você não consegue esquecer. Só que, quando recorda o que aconteceu, percebe que de alguma maneira se sente culpado, mesmo que seja a vítima.

Pode parecer estranho, mas muitas vítimas se sentem culpadas pelo que lhes aconteceu. E quando nos aceitamos, deixamos a culpa de lado, porque conhecemos quem somos em essência.

Na oração do Pai-Nosso, dizemos: "Perdoai as nossas ofensas assim como nós perdoamos aqueles que nos têm ofendido". Nossa capacidade de perdoar está ligada ao desejo de sermos, nós mesmos, perdoados por nossos erros.

Quando temos a exata noção do que somos responsáveis e do que não está em nosso poder controlar, temos uma ferramenta poderosa de aceitação.

De 0 a 10, que nota você atribui à sua capacidade de se aceitar apesar dos próprios erros?

3º passo: diálogo interno e foco no perdão

Sabe quando você até quer perdoar, mas fica ali tentando incriminar a pessoa que te fez algo, como se quisesse que ela pagasse por aquilo?

Pois é: se não conversar com você mesmo, ponderando todos os pontos de vista, em vez de ficar só pensando no que te fizeram de ruim, nada de transformar aquele sentimento destrutivo.

Quem tem ódio e ressentimento dentro do coração vai se destruindo um pouquinho a cada dia. Como se guardássemos veneno dentro das artérias e fôssemos espalhando pelo corpo.

O antídoto para esse veneno? Perdão. Só com foco no perdão esses sentimentos não se acumulam mais.

De 0 a 10, que nota você atribui à sua disposição para refletir sobre seus sentimentos negativos em relação a diferentes pontos de vista, a fim de transformá-los em perdão?

4º passo: entenda o objetivo do perdão

Perdão é ação. E essa ação transforma a vida de quem perdoa.

Você deve conhecer alguém que guardou um profundo ressentimento de outra pessoa ou de alguma situação durante anos. Pode ser que aquela pessoa tenha se tornado amarga, desconfiada, cheia de emoções negativas, e se você se lembrar bem dela vai notar que, depois de ter iniciado esse processo, começou a levar uma vida mais carregada, pesada. Algumas desenvolvem depressão, outras ficam com a pressão alta. E tem gente que acaba tendo que lidar com um câncer porque guardou e ficou remoendo tanta coisa durante anos e anos.

Antes que você ache exagero o que estou falando, pare para pensar: você já refletiu sobre a profundidade do perdão? Quando a pessoa perdoa, ela se livra de tudo aquilo que machucava seu coração. Perdoar é se libertar desse peso morto.

Porque o perdão é de quem perdoa. E ele transforma a vida, deixando-a mais leve. Existem estudos científicos que sustentam que nutrir sentimentos negativos como o ódio, a raiva, o rancor, o ressentimento e a mágoa podem ter relação com o desenvolvimento de inúmeras doenças, desde doenças do aparelho psíquico como a depressão, até o câncer. Essas pesquisas recentes têm apontado que perdoar está associado com a melhora de problemas cardíacos, hipertensão e estresse.

Perdoar é mais ou menos como destrancar correntes que não nos permitem caminhar.

De 0 a 10 que nota você atribui à sua disposição atual para os movimentos de perdão?

5º passo: viva o aqui e o agora

Pode reparar: quando você sofre por algo que fez no passado, não está no aqui e no agora. Você permite que o sofrimento por algo que já aconteceu te machuque mais de uma vez e sente dor por algo que aconteceu no passado.

Só que o passado já passou e você precisa viver no presente, com foco no futuro. Viver no presente é viver sem dor, sem angústia, sem remorso, sem mágoas. Virar a página sem ficar remoendo a dor.

De 0 a 10, que nota você atribui à sua capacidade de se desligar do passado em busca de viver o tempo presente? Quanto você vive o presente?

6º passo: permita-se ressignificar

O que é ressignificar? É ser capaz de criar novas formas de ver e interpretar acontecimentos e de atribuir novos significados às nossas experiências. O processo de coaching visa ressignificar o passado e, para isso, é necessário que você se permita essa experiência.

Para ressignificar, você tem que estar no controle, e isso é importante. Quando sentir algum tipo de angústia, volte para si por meio de uma respiração para acalmar a ansiedade.

Quando damos novos significados às experiências, nos libertamos de sentimentos e ressentimentos que podem até nos deixar doentes.

De 0 a 10, que nota você atribui à sua capacidade de ressignificar as situações (entendendo que ressignificar não significa esquecer)?

7º passo: pense positivo

Pode reparar que todas as pessoas que superam as dificuldades também caem com frequência, mas elas se levantam porque aprendem a olhar aquilo com uma visão positiva, por pior que seja a queda.

Tenha certeza de que tudo tem um lado bom. Se você se esforçar pra tentar enxergar o lado bom das coisas que parecem ruins, vai voltar sua mente para um foco mais amplo e vai enxergar também tudo que já conquistou. Quando você olha pro lado bom, olha para o seu melhor também.

Veja o copo sempre meio cheio, ao invés de meio vazio. Pode parecer bobagem, mas essas simples atitudes são o início do processo de mudança de *mindset*, de mudança do padrão de crenças.

De 0 a 10, que nota você atribui à sua positividade? Seja sincero e atribua uma nota considerando se você reforça mais a positividade ou a negatividade.

8º passo: viva com amor

Quando alguém te magoa, você esquece de tudo o que aquela pessoa já fez de bom. E também de tudo o que todas as outras pessoas já te fizeram. Não consegue enxergar amor, atitudes positivas, gratidão. Não é capaz de ver bondade alguma no mundo.

Mas só conseguimos nos despertar para essas coisas boas quando paramos de remoer as emoções negativas. O amor é um dos sentimentos mais incríveis que o ser humano é capaz de expressar. Esteja disposto a receber e a transmitir mais amor em sua vida.

De 0 a 10, que nota você atribui à sua disponibilidade a amar?

9º passo: busque aprendizado

Nelson Mandela disse: "Eu nunca perco. Ou eu ganho, ou eu aprendo". Esse é o maior aprendizado que uma pessoa pode ter. Aprendemos o tempo todo.

Se alguém comete um deslize com você, é preciso amar o processo de aprendizado daquela pessoa, com os erros que ela cometeu, entendendo que a perfeição não existe.

Quando passamos a aprender com o que é visto como perda, transformamos tudo. As relações, os sentimentos, e o perdão se constroem, porque naturalmente somos mais amorosos com todos os erros.

De 0 a 10, que nota você atribui à sua capacidade de aprender com as situações adversas?

10º passo: seja verdadeiro

Talvez este seja um dos mais difíceis aprendizados: olhar para dentro de si, sem julgamentos.

É difícil admitir nossas falhas, nossos erros, e às vezes não fazemos isso porque não conseguimos nos perdoar. Precisamos de libertação. Reconhecer nossas próprias falhas e sombras, entendendo que a maioria dos erros, na verdade, é sempre cometida por nós. Talvez este seja o passo mais difícil: reconhecer as próprias falhas e sombras. Admita que, talvez – e apenas talvez – a maioria dos erros tenha sido cometida por você. E não há nenhum grande problema nisso, porque, afinal, como qualquer pessoa, você também tem o direito de errar.

Não procure desculpas ou justificativas. Admita e assuma suas falhas e seus erros e se comprometa a ser fiel e verdadeiro com as pessoas com quem você convive e se relaciona. Seja verdadeiro em suas relações e esteja presente por inteiro, de corpo e alma.

De 0 a 10, que nota você atribui à sua capacidade de assumir os próprios erros, mesmo diante do constrangimento e dos julgamentos que essa atitude pode causar?

Praticando

Precisamos pôr em prática tudo o que falamos até agora. Para isso, você precisa conhecer a metáfora do diamante, uma pedra que, antes de ser lapidada, é completamente disforme e sem brilho. Áspera, com aparência ruim. A lapidação é o processo sem o qual essa pedra jamais seria a joia que conhecemos. O caminho do perdão é um caminho de lapidação. Somando os diamantes que você atribui em cada um dos dez passos, quantos você já lapidou nesse caminho?

Escreva abaixo em qual desses dez passos você ainda precisa evoluir e quais precisam de atenção.

_____

_____

_____

_____

_____

_____

_____

_____

_____

_____

_____

_____

_____

_____

Capítulo 5

Satélite do Perdão

Um dos maiores enganos dos seres humanos é acreditar que têm o direito de julgar seu semelhante.

PELA NECESSIDADE
DE ESPALHAR
O PERDÃO

Talvez você conheça a parábola do filho pródigo. Se não conhecer, escute esta história, parecida com a famosa parábola e tão comum nos dias de hoje.

Imagine uma família muito próspera, um pai empresário que trabalha desde os dezessete anos e não poupa esforços para que seus filhos cresçam em um ambiente de prosperidade. Esse homem tem dois filhos, e o mais novo começa a se sentir inquieto naquela situação e chama o pai para uma conversa:

– Pai, eu quero a minha parte, porque eu vou embora.

O pai fica assustado.

– Como assim, a sua parte? Que parte?

Então o filho conta que quer a sua parte da herança, daquilo que lhe cabe. Quer viajar, conhecer o mundo, fazer coisas que vê nas redes sociais. Está farto de acordar cedo todos os dias e ajudar seu pai na empresa.

Esse pai, generoso e compreensivo, dividiu toda a herança que caberia aos filhos e fez exatamente o que o garoto pedia. Depositou em sua conta toda aquela quantia.

Enquanto isso, o filho mais velho continuou ao lado do pai. Às vezes observava as fotos do irmão mais novo, em viagens e festas por todos os países e se sentia ressentido, mas sentia que devia ficar ali e criar as suas raízes.

Só que o dinheiro não durou muito nas mãos do irmão. Depois de alguns meses ele voltou das viagens, mas, sem saber o que fazer, começou a pedir subempregos como entregador de pizza. Ninguém o empregava e ele ficou desesperado. O dinheiro não dava nem para comer.

Teve a ideia de bater na porta do pai, mas ficou com vergonha do que ele ia achar. Mas a fome era maior que a vergonha e lá foi ele, arrependido, ao escritório do pai.

– Oi, pai...

O pai viu o filho transformado. Só o acompanhava pelas fotos nas redes sociais, não tinha recebido sequer uma ligação ao longo da viagem e sentiu uma emoção ímpar ao ver o filho novamente. A emoção que só quem tem um filho conhece.

– Eu sei que não te deixei orgulhoso... mas eu queria voltar... as coisas não deram muito certo.

Aquele pai, diante da notícia, pediu para os empregados fazerem uma festa para celebrar o retorno do filho. Deu à secretária a missão de arrumar uma sala no escritório para que voltasse ao seu lugar de honra e o abraçou com tamanha felicidade que o garoto mal podia acreditar.

Só que o filho mais velho não ficou tão feliz assim. Viu aquela festa para o irmão e ficou indignado. Não quis participar daquela balbúrdia e chamou o pai para uma conversa particular.

– Pai, durantes todos esses anos eu trabalhei com você. Você nunca fez uma festa para mim, nem me deu uma sala no escritório. Esse ingrato pega o dinheiro, torra com festas, volta com o rabo entre as pernas e você o recebe desse jeito?

O pai olhava o filho com carinho.

– Filho, você sempre esteve comigo. Tudo que é meu, é teu. Mas o retorno do seu irmão é como ver um morto ressuscitar.

Ao ouvir essa história, talvez você tenha se identificado com um dos personagens, seja ele o irmão que partiu, o que ficou, ou o pai. De qualquer forma, ela serve para uma poderosa reflexão: a capacidade de perdoar.

Quem nunca foi inflexível como o filho mais velho, que não queria admitir o retorno do irmão e sentia que precisava "puni-lo" para mostrar alguma coisa? Vira e mexe acreditamos que sabemos quem "merece" e quem "não merece" o nosso perdão. É como se escolhêssemos o que e quem perdoar.

Só que eu vou te contar uma coisa: o perdão é uma dádiva, e não uma recompensa.

Não existe mérito. Não tem uma pessoa pior ou melhor que a outra. Todos merecem o perdão. Todos têm o perdão de Deus e merecem ser perdoados, porque é um ato de amor, de benevolência, uma decisão interna.

Quando falamos na Teoria do Satélite do Perdão, muitas pessoas se perguntam o porquê de ser um satélite. O que é um satélite? Chamamos de satélite todo objeto que gira ao redor de outro. E quando falo de satélite, quero me referir ao que gira em torno da nossa vida. Que força é essa? Essa força pode ser o Universo, o próprio Deus, ou aquilo que fizer mais sentido para você.

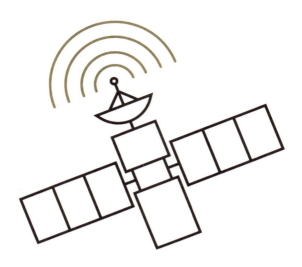

Quando eu falo de perdão, me refiro à metáfora do satélite. A conexão com o satélite é uma decisão. Você pode decidir ser como o pai do garoto, que acolhe e entende, perdoando uma decisão, sem julgamentos, ou como o irmão, que acredita ser o grande juiz da vida, que decide quem merece ou não o seu perdão.

Quem escolhe o perdão se sente livre e dança a alegria da vida com amor, se libertando da dor e da amargura que acompanham o coração de quem escolhe julgar.

O Satélite do Perdão é a metáfora da Força Maior que existe dentro e fora de cada um de nós. É entender que não somos melhores do que ninguém para julgar o outro como indigno de perdão. É entender que todos somos filhos de Deus, e que somos mais fortes quando escolhemos caminhar sem carregar fardos do passado, libertando e sendo libertos para ter os caminhos mais claros e brandos.

O Satélite do Perdão é a forma mais verdadeira de demonstrar resiliência diante de uma memória de dor. É a forma mais bela de desatar nós e avançar mais um estágio de nosso processo de ressignificação e evolução.

O ser humano é mestre em carregar sentimentos, críticas, sonhos, dores, e escolhe usar o senso crítico sempre para julgar o outro. Julgamos com a mesma frequência que respiramos, e cada vez mais nos tornamos críticos sedentos de uma perfeição que nem mesmo nós possuímos.

Já percebeu como todos acreditam estar "ajudando", quando na verdade estão criticando? Você já se viu em alguma situação desse tipo?

A pergunta que devemos fazer a nós mesmos é: o que nos faz acreditar que somos melhores que os outros?

Por que apontar dedos? E, se apontamos os dedos, por que não olhamos para os dedos que apontamos para nós mesmos?

Quantas vezes nos preocupamos demais com a maneira como os outros se comportam?

Aqui, proponho o exercício do amor incondicional. Amar incondicionalmente é estar aberto às falhas das pessoas que nos cercam e ver que somos todos imperfeitos de uma maneira ou de outra.

O poder de julgamento que acreditamos ter apenas nos causa dor, mágoa, ressentimentos e nos faz lembrar de fatos passados. Já percebeu quanta energia gastamos remoendo coisas passadas?

Já percebeu que às vezes a pessoa que nos magoou sai das nossas vidas e a gente continua tendo contato com um sentimento de amargura que fica ali dentro? Alimentamos a raiva, como o irmão que olhava as fotos nas redes do que tinha ido viajar e sentia um misto de sentimentos ruins.

Isso faz com que fiquemos presos aos momentos que nos fizeram mal. É como se aquele sentimento ficasse ali, nos impedindo de ser livres e impedindo que cada um siga o próprio caminho.

Eu gosto sempre de fazer o exercício de olhar para a minha criança interior. Quem eu era aos cinco anos de idade? Como eu era? Certamente, se você fechar os olhos agora, vai ver que é possível se conectar com essa pureza interior.

Essa conexão faz com que a gente consiga também se conectar com a nossa Força Maior, com o nosso Deus, com esse satélite que gira em órbita de todas as pessoas do mundo.

Utilizar o Satélite do Perdão como estímulo, força e símbolo de nossa libertação nos conforta e, assim, podemos ser verdadeiramente perdoados. Porque nós pensamos duas vezes antes de perdoar, mas não pensamos que também fomos imperfeitos no passado e já precisamos de perdão.

No passado, não tínhamos consciência do que estávamos fazendo, não sabíamos que causaríamos tanta dor e mágoa às pessoas, nem que essa dor e essa mágoa não fariam mal apenas às pessoas que magoamos, mas também a nós, pois nos deixariam presos àquele momento da história. Quando nos conectarmos com o Satélite do Perdão e pedirmos a nossa desconexão daquelas pessoas às quais fizemos mal no passado, nos libertamos e permitimos que elas se libertem também.

Perdoamos pelo dom de perdoar.

PER-DOAR

Perdão... Perdoar... Qual o significado disso tudo? Escrevo em português porque sou brasileiro e vivo no século XXI. Contudo, encontramos homônimos, com morfologias muito parecidas e sentidos de uso análogos em muitos outros idiomas. A origem dessa palavra é provavelmente complexa, e talvez algum linguista ou filólogo possa explicá-la melhor do que eu. Porém, peço a sua permissão e a licença, caro leitor, para abordar a origem latina da palavra "perdão".

Em todas as línguas neolatinas, verificamos uma visível semelhança estrutural: "perdão", em português; "perdón", em espanhol; "pardon", em francês, "perdono", em italiano. Essa semelhança se deve a uma origem latina comum: o verbo "perdonare". Dois elementos importantes participam da constituição desse verbo: o prefixo "per" (por, através de) e "donare" (dom, doar). Mesmo na língua inglesa, essa lógica se mantém: "forgive" é a junção de "for" (para, por) e "give" (dar, doar). Isso se dá de modo semelhante também na forma em alemão: "vorgeben" ("vor" + "geben").

Assim, etimologicamente, perdoar agrega a noção de doação. O perdão é um dom direcionado a alguém. Pode ser a alguém que nos fez mal, a nós mesmos ou até a parentes. Perdoamos pelo dom de perdoar.

Praticando

A prática de agora é através de um filme, o *Eu só posso imaginar*. Ele narra a história que está por trás da canção cristã mais ouvida do mundo, que dá nome do filme, *I Can Only Imagine*, em inglês.

Bart Millard sempre foi uma criança sonhadora, mas, desde cedo, teve de conviver com seu pai violento, violência essa que escondia a frustração dele por não ter conseguido realizar os próprios sonhos.

A mãe de Bart resolveu abandonar todos os maus tratos que sofria e, com isso, deixou o filho para ser criado pelo pai. Bart cresceu e se viu obrigado a jogar futebol americano, para satisfazer os desejos do pai.

Quando decidiu abandonar o esporte, entrou para o grupo de canto da escola, a princípio como assistente de produção. Contudo, seu talento para cantar logo foi notado, e, a partir desse momento, sua vida tomou novos rumos. Ao terminar a escola secundária, deixou para trás uma vida de agressões físicas e psicológicas e saiu em busca de sua realização como músico. No caminho, encontrou alguns rapazes que precisavam de um vocalista para completar a banda, que recebeu o nome de MercyMe.

Passaram-se meses, mas a banda, apesar de fazer shows em diversas cidades, não conseguia contrato com nenhuma gravadora. Bart, diante desse quadro, decidiu retornar à sua casa, pois sentia que precisava resolver questões com o pai.

Ao chegar em casa, deparou-se com um pai regenerado espiritualmente, mas em estado terminal, por conta de um câncer no pâncreas. Em uma das grandes cenas do filme, o pai pergunta para o filho: "Se Deus pode me perdoar, por que você não pode?". O filho responde: "Deus pode te perdoar, eu não". A inevitável morte do pai faz com que ele perceba que não adianta guardar para sempre a mágoa por tudo o que o pai lhe causara. E, ainda, faz com que ele tente perdoar o pai por tudo.

O filme nos apresenta uma história emocionante sobre como o perdão é poderoso e pode mover multidões, mesmo que seja em torno de uma única canção.

Capítulo 6

As três dimensões do perdão

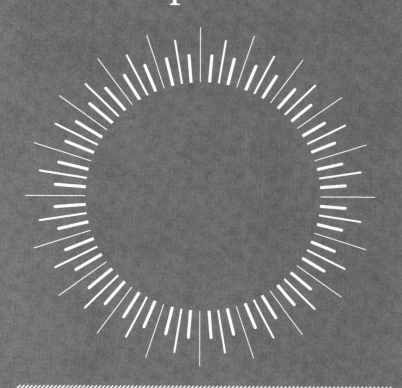

Junto com o autoperdão vem a autoaceitação.

AS TRÊS DIMENSÕES DO PERDÃO

Imagine só que seu filho briga com o amigo da escola. Ele chega em casa e conta sobre a briga para os pais que, imediatamente, tomam as dores dos filhos ou querem promover a conciliação.

Alguns pais pedem para as crianças pedirem desculpas. Outros colocam panos quentes na situação. A verdade é que sempre existe uma reação e, muitas vezes, ela pode chegar a um patamar em que os pais tiram satisfação com os pais dos outros envolvidos.

Só que você já parou para pensar que cada história envolve vários lados? São as pessoas que importam, não os fatos. O que importa é como as pessoas que brigaram estão, não a briga em si. Pensando dessa forma, compreendemos que quem se envolve em algum problema deve sempre se preocupar com as pessoas, seu estado físico, emocional, afetivo... Porque é inevitável: depois de problemas há sempre algum abalo.

Por isso, quando falamos de perdão, estamos falando de vários envolvidos. Tem o que pede e o que aceita. E existem as dimensões do perdão que trarão a clareza para entendermos como ele funciona.

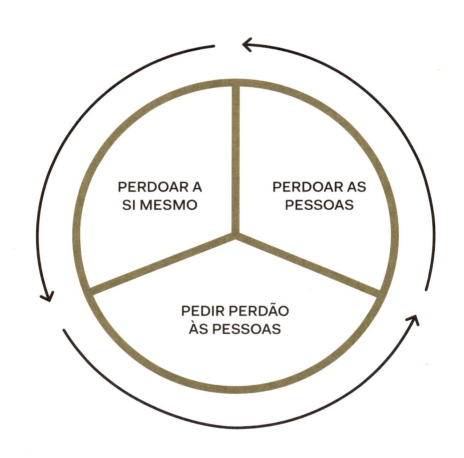

1º tipo de perdão:
perdoar a si mesmo

Já experimentou a culpa? Em algum momento pensou que precisava livrar-se de si mesmo? Que existia um sentimento ruim do qual você não conseguia abrir mão ou esquecer? Sabe aqueles dias em que você fica se martirizando e isso te impede de viver? Quando sofre por ter feito algo e não sai daquele estado por nada?

Acontece que ainda não temos uma máquina para poder voltar no tempo e desfazer aquilo que fizemos. Não dá pra voltar àquela semana em que você disse algo que não deveria ter dito ou desfazer um mal-entendido.

O arrependimento por ter feito ou agido da maneira como agiu dói mais que o próprio fato em si. E o autoperdão chega justamente para curar as feridas da culpa e da vergonha que atravancam nosso caminho e nos fazem nos sentir mal.

Quando você se sente culpado por conta de uma ação que cometeu e que você mesmo considera errada, é porque quebrou algum valor interno. Só que o lado bom disso é que você consegue enxergar o que precisa mudar, o que não está congruente com as suas crenças.

Se está com vergonha, geralmente é porque rompeu com algum valor moral. Você se sente menor, inseguro, descontente consigo mesmo. É como se você não se aceitasse da maneira como é: humano e passível de erros.

Para falar de autoperdão é necessário falar de autoaceitação. E aceitar a si mesmo é reconhecer as próprias falhas e o fato de que somos seres humanos, sempre podemos errar.

A pergunta é: por que é tão difícil perdoar a si mesmo? Para que levar essa mochila pesada com você?

Perceba que, se observar a si mesmo com um olhar de amor, vai se reconhecer e aceitar o quão cruel é com você. Porque se aceitar implica reconhecer as suas sombras e aceitar os seus defeitos. Aceitar-se por inteiro requer olhar para si mesmo com franqueza, disposto a ver luz e sombra.

Como seguir com o processo de autoperdão?

Reconhecendo o que nos deixa tristes, quais falhas achamos que cometemos e valorizando a nós mesmos, entendendo que é possível cometer erros e que somos falhos.

Com essa leveza conseguimos encarar nosso dia a dia de um jeito transformador só perdoando a si mesmo você pode ter a vida plena.

PERGUNTAS PODEROSAS DO AUTOPERDÃO

→ Você se sente culpado e julgado? Qual a intensidade desse sentimento?

→ De que forma você se relaciona com as mágoas do passado? Elas voltam à sua mente com frequência?

→ Você pode quantificar e qualificar o amor que você sente pelos outros?

→ Qual é a qualidade e quantidade de amor que você sente por si mesmo?

→ Diante de suas falhas, você consegue aceitá-las com facilidade ou as deixa reverberar dentro da sua mente por muitos dias?

Praticando

Para aprender como perdoar a si mesmo, que tal assistir ao filme *Livre*?

No filme, protagonizado pela Reese Witherspoon, você vai conhecer a história real de Cheryl Strayed, uma jovem que perdeu a mãe após um câncer e não é capaz de voltar à vida depois do luto.

Ela mergulha nas drogas e nas relações extraconjugais, acaba com seu relacionamento de sete anos e tem até uma gravidez não planejada.

Tudo porque não conseguia aliviar sua dor, sentindo-se mergulhada na culpa e no arrependimento. Como num último movimento a favor de si mesma, ela decidiu fazer a trilha The Pacific Crest Trail (PCT), que percorre toda a Costa Oeste dos Estados Unidos, da divisa com o Canadá até a fronteira com o México. O trecho que ela caminhou tem 1.770 quilômetros, indo do deserto de Mojave ao estado de Washington.

Na viagem, ela se descobre e faz um exercício profundo de autoconhecimento e de perdão quando enxerga quem realmente é.

2º tipo de perdão:
perdoar as pessoas que nos magoaram

Em algum momento da sua vida você acreditou que perdoar alguém te tornaria uma pessoa fraca? O que te faz crer que relembrar situações ruins do passado te trazem conforto e paz interior? Apesar de parecer difícil, perdoar alguém talvez seja um dos gestos mais nobres do ser humano. A capacidade de perdoar nos transforma em pessoas melhores e nos ajuda a seguir em frente.

Todo mundo sabe que perdoar é um ato nobre, mas isso parece muito difícil em determinadas situações.

Sei que você já deixou de perdoar porque não queria parecer fraco ou fraca, e sei também que sente paz no coração quando está bem com as pessoas que te cercam. E, mesmo que seja difícil perdoar alguém, essa capacidade faz você se sentir melhor.

Quero que você saiba que perdoar não tem nada a ver com voltar a conviver com a pessoa que te machucou. Você não precisa aceitar o mal que foi feito a você, mas quando perdoar, vai se libertar do peso e deixar o outro seguir o caminho dele.

Muitas pessoas dizem "mas é impossível esquecer o que ele me fez". Pois é: pode ser difícil esquecer, mas que tal conseguir lembrar sem sentir toda aquela dor que te machuca novamente?

Quem perdoa não deseja vingança e fica livre da raiva e do orgulho. Pare de querer fazer justiça com as próprias mãos e compreenda que é possível ressignificar a sensação de se sentir ofendido.

Em muitos casos, estou plenamente de acordo que certas ofensas devem ser repreendidas e punidas, como, por exemplo, injúrias raciais ou misóginas. Porém, em última instância, não cabe a nós fazer justiça com as próprias mãos. Por mais que acreditemos veementemente que algumas ofensas devam ser punidas, levados por nosso senso de justiça, ainda assim devemos ter sabedoria suficiente para reconstruir e ressignificar nossa sensação de ofendidos. Perdoar não exige obrigatoriamente reconciliação, mas, sim, a nossa cisão com sentimentos que nos prejudicam.

Todos os tipos de perdão estão atrelados à conexão do amor e da vida plena de significado. O perdão dirigido ao outro está diretamente ligado à capacidade de perdoar a si mesmo. Quando nos perdoamos, percebemos nossa própria humanidade e nos damos amor.

Ao entendermos que somos humanos, que erros sempre acontecerão e que deslizes fazem parte de todo percurso de vida, conseguimos perceber que o outro também é feito da mesma matéria, cheio de acertos e pontos de melhoria. Sabendo disso, não seria um gesto nobre perdoar seu semelhante? Pense bem e, quando se sentir preparado(a), perdoe verdadeiramente. Esclareça seus sentimentos ao outro, sempre que for possível, abra seu coração e permita-se ser vulnerável, para que o outro possa compreender os seus porquês e para que ele também tenha a chance de explicar os porquês dele. O caminho que te leva ao perdão pode ser longo, cheio de curvas sinuosas nas quais é preciso ficar sempre atento, mas é o único caminho que genuinamente contribuirá para a sua evolução.

Praticando

Para perceber como é engradecedora a ação de perdoar, sugerimos ao filme *Toy Story 3*. A animação da Pixar conta a história dos brinquedos Woody, Buzz Lightyear, Jessie, Senhor e Senhora Cabeça de Batata, entre outros, que estão sofrendo com o crescimento de Andy, prestes a ir para a faculdade. Eles precisam decidir se permanecem no sótão, para onde todas as coisas antigas de Andy vão, ou se irão para doação, servindo ao propósito para o qual nasceram: ser brinquedos.

Por conta de um erro da mãe de Andy, acabam doados para a creche, onde experimentam a fúria de Lotso, o ursinho de pelúcia que comanda o lugar com pulso firme. Assim que percebem que não terão a liberdade que imaginavam e que serão maltratados pelas crianças menores, os brinquedos de Andy decidem fugir. Na fuga, acabam em um aterro sanitário, do qual precisam sair antes de serem transformados em lixo.

No aterro, voltam a encontrar Lotso, que também está lutando para se manter vivo, e decidem ajudá-lo, mesmo depois que todo o sofrimento que o ursinho de pelúcia causou. A turma de Woody e Buzz Lightyear nos mostra que podemos perdoar e ajudar até aquele que nos colocou em uma situação de profunda angústia e grande sofrimento. Mesmo que não nos esqueçamos do que passamos, o processo de perdoar envolve os sentimentos mais positivos e toda a plenitude que eles podem nos trazer.

3º tipo de perdão:
pedir perdão a outras pessoas pelas mágoas que causamos a elas

Quem quer perdão, demonstra. Não basta pedir o perdão sem que a alma esteja repleta pelo desejo de ser perdoado. É preciso que tenhamos palavras e ações condizentes com isso.

Se queremos o perdão, é preciso pedi-lo a quem causamos sofrimento. E esse pedido precisa ser feito com verdade e amor. Desta forma, damos ao mundo o que existe de melhor dentro de nós.

Mas pedir perdão é totalmente diferente de dizer "eu sinto muito" a alguém. Para pedir perdão, o sentimento tem que ser condizente com as nossas atitudes.

Na Torá, o código da lei dos judeus, o perdão depende unicamente da disposição do homem ao arrependimento. Para obter o perdão por suas falhas e transgressões, o homem precisa praticar o *teshuvá*, que significa literalmente "retorno". Isso quer dizer que o homem deve operar um retorno sobre si mesmo, tomar consciência de seus atos e buscar melhorar a própria conduta.

Na tradição judaica, uma das datas mais importantes é o Yom Kipur, que é tradicionalmente traduzido como Dia do Perdão, mas pode significar também Dia de Expiação. No entanto, o perdão e a expiação só são possíveis se existir um arrependimento verdadeiro e o desejo de reparar os danos causados, caso seja possível. Dessa forma, quando isso acontece – quer dizer, quando existe um arrependimento sincero e um profundo desejo de reparação –, aqueles que sofreram as ofensas são convidados a não recusar o perdão.

Só consegue pedir perdão ao outro quem sabe pedir perdão a si mesmo porque entende que falhas acontecem. Ninguém se torna fraco ou frágil por isso. Pelo contrário, mostra como somos corajosos em assumir o risco de deixar transparecer nossa vulnerabilidade.

Esqueça a armadura do orgulho e o elmo do ego, lembrando que não há duelos nem batalhas a serem travadas, há apenas um Ser se revelando por inteiro diante de outro.

Praticando

Para exemplificar o terceiro tipo de perdão, sugerimos o filme *Querido John*. Um relacionamento amoroso entre John (Channing Tatum) e Savannah (Amanda Seyfried), de idas e vindas, deixa em segundo plano a relação mais importante do filme: entre John e seu pai, sr. Tyree (Richard Jenkins). sr. Tyree é autista e criou o filho sozinho, mas John, em diversos momentos, rejeitou o pai e seu jeito particular de viver a vida, com uma rotina que não podia ser quebrada. Durante muitos anos, John tentou cortar essa ligação. Nesse meio-tempo, conheceu Savannah, enquanto ela passava férias onde ele morava. Depois que ela retornou à universidade, eles mantiveram um relacionamento por cartas, e mais tarde foi a vez de ele ir para mais longe, servir ao Exército dos Estados Unidos na guerra.

John é baleado e dispensado do serviço militar. Quando retorna para casa, depara-se com seu pai doente e, nesse momento, decide, a seu modo, pedir perdão a ele. A grande lição do filme é a compreensão de que nossos pais fizeram o que foi possível, foram bons o suficiente.

Capítulo 7

O perdão e a neurociência

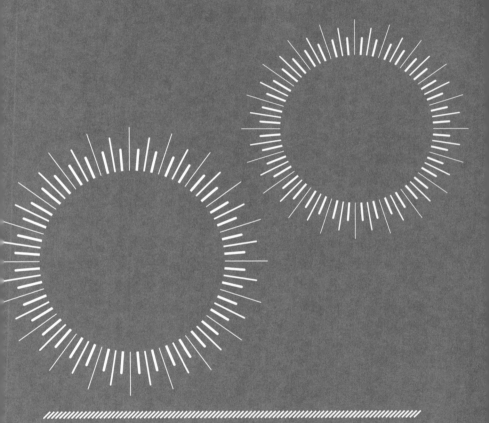

Praticando o perdão, ele se torna um hábito, e é possível perceber que o cérebro se adapta a essa nova realidade.

A NEUROLOGIA DO PERDÃO

Você sabia que o perdão é um processo cognitivo? Isso quer dizer que ele atua a partir e através do nosso cérebro, envolvendo estruturas anatômicas e de pensamento.

Imagine o seguinte: você sente raiva de algo, um sentimento tão forte que te deixa cego. A raiva é poderosa e vem quando ativamos nosso sistema límbico, que envia um comando para o córtex pré-frontal, que para de funcionar, manifestando o sentimento de raiva.

Acontece que o córtex pré-frontal é a parte do cérebro mais próxima do rosto humano e só fica completamente desenvolvido entre os 20 e os 25 anos. E ele é importante porque é responsável pela forma como agimos socialmente.

Ou seja: controla nossos impulsos, gerencia nossas emoções e processa nossa personalidade. Sendo assim, quando o córtex pré-frontal está desenvolvido, temos relacionamentos melhores.

E como funciona o córtex pré-frontal no cérebro de quem perdoa? Pesquisadores italianos recrutaram voluntários para seguir um roteiro que os estimulava a imaginar situações de ofensa pessoal. Uma parte do grupo foi incitada a perdoar o "inimigo imaginário" e a outra parte, incitada a planejar uma vingança. Toda a experiência foi realizada dentro de um aparelho de ressonância magnética para que o cérebro fosse mapeado enquanto o desafio acontecia. O estudo mostrou que ambos, perdão e vingança, são ativados na mesma estrutura (o córtex pré-frontal dorsomedial), mas de formas diferentes.

Quando estamos impulsionados pelo espírito vingativo, a área é ativada sob controle do giro temporal medial. Isso faz com que vejamos a situação influenciados pela intenção alheia, achamos que o outro quer nos fazer mal. Dessa forma, a reação provocada em nós será de ódio, raiva e repulsa a quem, em nossa percepção, nos insultou.

No entanto, quando estamos movidos pelo amor, a estrutura do córtex pré-frontal dorsomedial será comandada pelo precuneus e pelo lobo parietal inferior, que nos ajudam a adotar o ponto de vista do outro e perceber sua intenção de forma mais positiva.

O que o estudo conclui é que o córtex pré-frontal é responsável pela nossa racionalidade e pelo nosso comportamento social e emocional, mostrando que perdoar está diretamente relacionado com nossa avaliação consciente dos fatos, e não com nossos sentimentos.

Sendo assim, essa parte do nosso cérebro é responsável também por nossas tomadas de decisão ao longo da vida. Dessa maneira, a decisão de perdoar passa a ser uma opção consciente, uma mudança que podemos realizar em nossas vidas, se realmente desejarmos viver com mais leveza na alma.

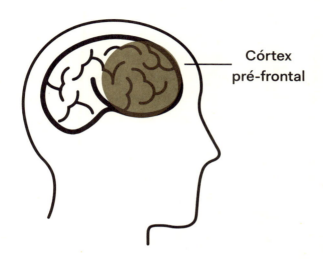

O sulco temporal superior

Existe uma área do cérebro que desempenha um importante papel na capacidade de perdoar. Isso porque, ao realizarmos um julgamento moral acerca de alguma ofensa, nós não consideramos apenas o dano causado, mas também a intenção daquele que o causou.

Quando existe um conflito entre a intenção e o resultado de alguma ação, as pessoas tendem a atentar mais à intenção para formular um julgamento. Como isso acontece? É que existe uma relação entre o sulco temporal superior e a capacidade de perdoar erros que não são considerados como mal-intencionados.

O sulco temporal superior já era conhecido por estar envolvido na habilidade de expressar estados mentais, como pensamentos, crenças e desejos de outras pessoas.

Assim, pessoas com um sulco temporal superior mais desenvolvido são mais capazes de entender o comportamento dos outros e, consequentemente, mais aptas a perdoar. O contrário também pode ser válido: quanto mais nos esforçamos para compreender os outros, mais desenvolvemos essa parte do cérebro e mais nos tornamos dispostos a perdoar.

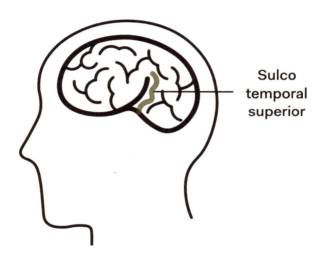

O perdão e a neuropsicologia

A neuropsicologia explica: só o perdão é capaz de quebrar o desejo de vingança. Sabe aquele desejo que cria um ciclo de ódio?

É que a percepção do que nos ofende e do que consideramos injusto é estruturada por pelo menos três partes importantes:

1. nosso self;
2. nossa habilidade de perceber e avaliar o comportamento dos outros como benéficos ou maléficos;
3. nossa memória, que nos permite associar um evento ou uma injúria a uma pessoa específica.

O nosso senso de self se origina de uma parte do cérebro localizada no lóbulo parietal inferior. O lóbulo parietal inferior está diretamente conectado ao sistema límbico, que, como já vimos, é responsável pela expressão e controle de sentimentos.

Mas, por que estou contando isso? É que a nossa noção de self desempenhou um importantíssimo papel evolutivo na história. Se não fosse essa sensibilidade acerca de nós mesmos, seríamos menos propensos a sobreviver a situações de perigo extremo. Porque, em alguns casos, é necessário estar em estado de alerta.

Então, quando estamos em grupo, percebemos os outros e criamos um equilíbrio. É dessa forma que monitoramos atitudes e avaliamos se somos tratados com igualdade e justiça. Mas, e quando acreditamos que sofremos uma injustiça? É aí que o cérebro entra na história querendo buscar uma forma de compensação, como a vingança e retaliação.

O desejo de vingança, tão comentado em filmes e livros mundo afora, está relacionado com a nossa autopreservação, pois afeta a nossa percepção de self.

Ao mesmo tempo, ele também ativa a terceira parte do triângulo, que é a memória. Quando somos tomados pelo desejo de vingança, guardamos a ofensa em nossa memória de longo prazo para planejar uma ação futura que, supostamente, restituiria o equilíbrio social abalado no grupo. Deu para entender?

Isso se torna uma espécie de sentimento irracional que gera uma reação em cadeia. É uma busca inconsciente por equilíbrio. É por isso que, mesmo de um ponto de vista neurossocial, o perdão é tão fundamental.

O perdão também gera a capacidade de criar sentimentos positivos em outras pessoas não envolvidas no conflito. Praticando o perdão, ele se torna um hábito, e é possível perceber que o cérebro se adapta a essa nova realidade.

O cérebro desenvolve, no neocórtex, responsável pela memória, uma capacidade de agir de forma diferente a novas ofensas, desilusões, tristezas, sem cair na mesma mágoa de antes. Ou seja, caso algo que possa nos magoar aconteça, a mente fará com que já saibamos nos proteger da dor, perdoando antes que ela cause uma tristeza profunda. Essa situação evidencia ainda mais o fato de que uma mudança pode se transformar em hábito e comprova os benefícios que o perdão pode trazer a nossas vidas.

Praticando

Sabia que a linguagem ajuda a colocar os sentimentos em seus devidos lugares? Esta é a ferramenta que liga a parte neurológica às emoções e pode promover situações de perdão, nos libertando de ciclos tóxicos de sentimentos negativos como culpa, remorso, raiva e outros.

Carta do amor

Sugiro nesta prática que você escreva para experimentar uma sensação de libertação, alívio e felicidade. Ao gravar esses sentimentos em sua mente, você cria um mecanismo neurológico que liga o perdão e o amor a sentimentos muito benéficos em seu organismo.

Primeiro, basta se conectar com situações e pessoas que precisam ser perdoadas. Pode até ser você mesmo! Sinta o que vier e transforme estas lembranças em amor.

Escreva uma carta do amor, narrando esta experiência.

Capítulo 8

O poder do perdão

Quanto mais fundo imaginamos ter sido feridos, mais fundo colocaremos os alicerces de sentimentos positivos. E, como sabemos, não se constrói um edifício grandioso sem alicerces profundos.

O PODER DE LIBERTAR

O fraco não perdoa jamais.
O perdão é um atributo do forte.
Mahatma Gandhi

Que o perdão é um santo remédio, ninguém duvida, mas sabia que, além disso, ele pode nos tornar superpoderosos? Pois é: quem perdoa pode dizer que, por natureza, é um superpoderoso. Isso porque vivenciar o perdão nos traz um poder inacreditável. É extraordinário perceber que somos livres para nos tornar mais otimistas, livres e conquistar resultados melhores.

Enquanto muitos continuam acreditando que perdoar é sinal de fraqueza, eu afirmo que perdão exige de nós a maior das forças. O perdão carrega um poder que não pode ser suportado por aqueles que não estão dispostos a perdoar.

Quem perdoa, sabe: o perdão nos fortalece, e quando ficamos mais fortes, nos tornamos mais seguros e ganhamos de quebra uma melhora nas relações. A inteligência emocional, as crenças, a vida profissional, tudo muda com o perdão. Porque ele nos torna aptos a nos abrirmos para novos conhecimentos.

Agora, os efeitos dele não param por aí: existe até uma pesquisa, feita pela revista norte-americana *Time*, que pediu a 148 jovens adultos que preenchessem questionários para avaliar o nível de estresse pelo qual tinham passado na vida, a tendência ao perdão e o nível de saúde mental e física que acreditavam ter naquele momento. Os resultados revelaram que aqueles que passaram por estresse mas tinham tendência a perdoar o outro não apresentavam problemas físicos nem mentais; o que, apesar disso, não garante que perdoar pode proteger a saúde contra doenças. Porém aqueles que perdoam tendem a ser mais tolerantes, calmos e a lidar mais facilmente com as adversidades e situações de estresse. Aqueles que não perdoam com facilidade estão mais propensos a sentir os efeitos do estresse de forma mais intensa.

E de que forma esses efeitos do estresse podem ser sentidos? Segundo a revista *Journal of Behavioral Medicine*, uma menor frequência cardíaca e uma equivalente diminuição da pressão arterial são benefícios do perdão, que aliviam os efeitos do estresse em nosso corpo e mente.

Todos esses benefícios (melhora no sono, redução da pressão arterial e cardíaca, menos risco para o coração, menos ansiedade e depressão) têm relação com o nível de cortisol no organismo. Caso você não saiba o que é cortisol, ele é chamado de "hormônio do estresse" e é liberado quando vivenciamos uma situação estressante. A longo prazo, a presença desse hormônio em nosso organismo pode provocar dificuldades para dormir, diabetes, depressão, e doenças autoimunes, afetando o cérebro, o sistema digestivo e cardiovascular. Por isso, o perdão é um maravilhoso remédio quando se trata da diminuição do cortisol.

RAZÃO E EMOÇÃO

Às vezes você decide perdoar. Às vezes sente que deve.

Isso porque existem dois tipos de perdão: O perdão motivado pela razão e aquele que é motivado pela emoção. E o que isso significa?

Que o perdão decisional se dá de forma racional e o perdão emocional, como o próprio nome sugere, se dá de forma emocional. Nos dois casos, a empatia é o grande trunfo, pois ajuda a perceber que ninguém é vilão ou mocinho.

Quando decidimos internamente, temos o perdão decisional. E, quando substituímos as emoções negativas por positivas, temos o perdão emocional. É só perdoar que as emoções negativas param de crescer. Elas diminuem e deixam um espaço livre que podemos preencher de outro jeito. Em vez de alimentar aquele espaço com raiva, alimentamos com amor. Em vez de colocar orgulho, praticamos a humildade.

Para tudo isso acontecer, é preciso uma boa dose de resiliência.

O PODER DA RESILIÊNCIA

Você sabia que o termo resiliência surgiu na física e que é relacionado com a propriedade que um objeto possui de retornar à sua forma original após sofrer alguma alteração de ordem elástica?

Pois é: exatamente como acontece conosco. É por isso que resiliência passou a significar também a capacidade que um indivíduo possui de se adaptar e se recuperar das mudanças e aflições que lhe ocorrem.

Imagine que a capacidade de se recuperar e se adaptar envolve um conjunto de capacidades de que o indivíduo dispõe para lidar com problemas, contornar obstáculos e não se deixar abater.

Quando você vê alguém resiliente, sabe que aquela pessoa tem otimismo, inteligência emocional, empatia e compaixão, por exemplo. Mas pode ter certeza que aquela pessoa que você acha que nasceu daquele jeito só é assim porque enfrentou situações difíceis, caiu e se levantou muitas vezes.

Por isso, quando você precisar enfrentar situações adversas, perceba que elas são oportunidades poderosas para que você cresça e evolua. É só manter a mente aberta, focando em aspectos positivos e no que quer tirar de proveito da vida.

Tudo o que vivemos é uma chance para evoluir. Pense nisso quando perceber que é preciso perdoar para deixar ir o que não faz parte de você e não agrega nada ao seu caminho.

O PODER DE CURA

Imagine que uma mulher está com cicatrizes internas e feridas abertas na alma. Esta pessoa remói sentimentos e mágoas, fica negativa a maior parte do tempo e não consegue parar de pensar em um episódio em que o ex-namorado lhe disse palavras duras. Ela ficou com aquilo dias e dias, até que certa manhã, cansada de sofrer repetidamente pelo mesmo problema, decidiu que iria se curar.

Só que não tinha remédio nenhum para curar a alma, nem analgésico para a dor que ela ainda sentia. Então, o que ela fez? Decidiu que curaria a si mesma.

Agora eu te pergunto: como uma pessoa pode curar a si mesma? O que lhe vem à cabeça quando você lê a palavra "autocura"? Falar em autocura é um assunto delicado, justamente porque muitas vezes ela é vinculada e associada a termos vazios de sentido. Isso se deve, em parte, a uma banalização da espiritualidade tal qual a conhecemos.

Essa mulher, quando decidiu curar a si mesma, começou a olhar para dentro e praticar o autoconhecimento, associado ao autoperdão. Como sempre digo e já disse neste livro: quanto mais você se conhece, mais você se cura. O que tenho percebido cada vez mais ao longo da minha vida é que o perdão tem um papel fundamental a ser desempenhado nesse processo.

Nossa mente tem o poder de curar problemas emocionais. Isso porque quando encaramos nossos medos e dificuldades e compreendemos nosso propósito de existência, quando praticamos o autoconhecimento e, finalmente, quando incluímos o perdão em nossas vidas, estamos proporcionando condições para que nossa mente atue ativa e espontaneamente num processo de cura interna.

O médico indiano dr. Deepak Chopra criou um conceito inovador que ele chamou de cura quântica, algo que ainda não pôde ser completamente explicado pela ciência. A base da cura quântica proposta pelo dr. Deepak Chopra é a relação entre a mente e o corpo humano. Ao ferirmos nosso corpo físico, como quando cortamos um dedo, por exemplo, nossas células coagulantes são espontaneamente ativadas para impedir o sangramento e iniciar um processo de cicatrização. Quando nossa mente está envolvida nesse processo, podemos influenciar e curar até mesmo problemas muito mais graves de saúde.

De forma similar, nossa mente pode atuar ativamente para nos curar de problemas de ordem emocional. Ela é resultado de fatores genéticos, sociais e ambientais e nossas crenças determinam grande parte dos pensamentos que cultivamos ao longo da vida. Quando nos permitimos ter acesso a essas crenças, nos permitimos mudá-las.

Dessa forma, nos curamos, porque vemos nossos erros no meio do caminho e os erros das outras pessoas. Quando perdoamos a nós mesmos e aos outros, despertamos esse incrível poder de cura. Porque abandonamos o passado, deixando-o no lugar dele, e passamos a valorizar o presente e a planejar o futuro.

Praticando

Você conhece o Ho'Oponopono? Essa expressão, que tem ficado cada vez mais popular, é, ao mesmo tempo, um mantra e o nome de uma tradição milenar de religiões polinésias, mais precisamente havaianas. A palavra "ho" significa causa, e "ponopono", perfeição. Esse caminho até a perfeição é a libertação pessoal, a reconciliação e resolução de conflitos.

E você pode recitar o mantra quantas vezes quiser, até que ele se torne um hábito. Quando você diz que sente muito, assume a responsabilidade pelas coisas e se conecta com tudo. Como não podemos fugir da responsabilidade, aceitamos e agradecemos.

O pedido de perdão traz as três dimensões dele. Você perdoa a si mesmo, às pessoas e ao Universo.

Depois, dizendo "eu te amo", você se conecta com a força mais poderosa que existe. A mais transformadora e revolucionária.

Ao final, ao dizer "obrigado" ou "sou grato", nos aproximamos de uma das energias mais poderosas que existem: a energia da gratidão.

Ho'Oponopono, oração original
Divino Criador, Pai, Mãe, Filho, todos em Um.

Se eu, minha família, meus parentes e antepassados, ofendemos sua família, seus parentes e antepassados em pensamentos, fatos ou ações, desde o início de nossa criação até o presente, nós pedimos o seu perdão.

Deixe que isso limpe, purifique, libere e corte todas as memórias, bloqueios, energias e vibrações negativas.

Transmute essas energias indesejáveis em pura luz, e assim é.

Para limpar o meu subconsciente de toda carga emocional armazenada nele, digo uma e outra vez, durante o meu dia, as palavras-chave do Ho'Oponopono:

> Eu sinto muito
> Me perdoe
> Eu te amo
> Sou grato

Declaro-me em paz com todas as pessoas da Terra e com quem tenho dívidas pendentes.

Por esse instante e em seu tempo, por tudo o que não me agrada em minha vida presente:

> Eu sinto muito
> Me perdoe
> Eu te amo
> Sou grato

Eu libero todos aqueles de quem eu acredito estar recebendo danos e maus tratos, porque simplesmente me devolvem o que fiz a eles antes, em alguma vida passada:

> Eu sinto muito
> Me perdoe

Eu te amo
Sou grato

Ainda que me seja difícil perdoar alguém, sou eu quem pede perdão a esse alguém agora. Por esse instante, em todo o tempo, por tudo o que não me agrada em minha vida presente:

Eu sinto muito
Me perdoe
Eu te amo
Sou grato

Por esse espaço sagrado que habito dia a dia e com o qual não me sinto confortável:

Eu sinto muito
Me perdoe
Eu te amo
Sou grato

Pelas difíceis relações das quais só guardo lembranças ruins:

Eu sinto muito
Me perdoe
Eu te amo
Sou grato

Por tudo o que não me agrada na minha vida presente, na minha vida passada, no meu trabalho e no que está ao meu redor, Divindade, limpe em mim o que está contribuindo para minha escassez:

> Eu sinto muito
> Me perdoe
> Eu te amo
> Sou grato

Se meu corpo físico experimenta ansiedade, preocupação, culpa, medo, tristeza, dor, pronuncio e penso: "minhas memórias, eu as amo".

Estou agradecido pela oportunidade de libertar vocês e a mim.

> Eu sinto muito
> Me perdoe
> Eu te amo
> Sou grato

Neste momento, afirmo que te amo.

Penso na minha saúde emocional e na de todos os meus seres amados. Te amo.

Para minhas necessidades e para aprender a esperar sem ansiedade, sem medo, reconheço as minhas memórias aqui neste momento:

Sinto muito, eu te amo.

Minha contribuição para a cura da Terra: Amada Mãe Terra, que é quem Eu Sou: se eu, a minha família, os meus parentes e antepassados te maltratamos com pensamentos, palavras, fatos e ações, desde o início da nossa criação até o presente, eu peço o seu perdão.

Deixe que isso se limpe e purifique, libere e corte todas as memórias, bloqueios, energias e vibrações negativas.

Transmute essas energias indesejáveis em pura luz, e assim é.

Para concluir, digo que esta oração é minha porta, minha contribuição à sua saúde emocional, que é a mesma que a minha.

Então esteja bem, e à medida que vai se curando, eu te digo que: eu sinto muito pelas memórias de dor que compartilho com você.

Te peço perdão por unir meu caminho ao seu para a cura, te agradeço por estar aqui em mim.

Eu te amo por ser quem você é.

Capítulo 9
Perdão e gratidão

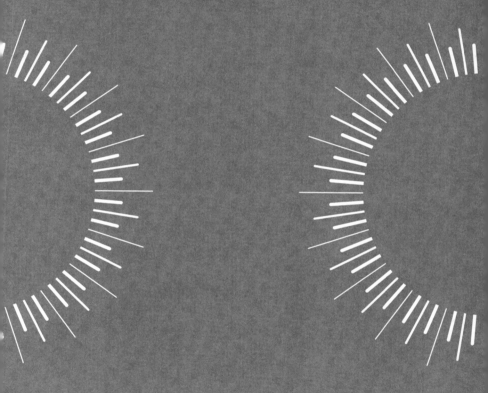

A gratidão nos leva a perdoar, e o perdão nos leva a ser cada vez mais gratos. É um movimento cíclico e contínuo.

PERDOAR E AGRADECER

O perdão liberta a alma.
Nelson Mandela

Certa vez, conheci um casal que tinha passado pela maior dor da vida: a perda de um filho. O menino tinha morrido ainda criança, vítima de um acidente de carro causado por um jovem embriagado.

Numa situação como essa é comum que os pais se revoltem com quem ocasionou o acidente, mas eles estavam trabalhando o perdão dentro de si. Estavam focados em perdoar e não guardar mágoa ou raiva do causador do acidente fatal.

Quando vieram conversar comigo, perguntei se, além de trabalhar o perdão, estavam trabalhando a gratidão. Eles ficaram espantados.

"O que deveríamos agradecer?"

De fato, quando estamos diante de um episódio trágico, focamos apenas na situação em si e não nos atentamos em agradecer nada. Só enxergamos o que acontece de ruim.

"Vocês agradeceram pelos anos que conviveram com esse menino maravilhoso? Por todas as festas na escola? Pelas horas de brincadeira? Por terem sido pais de um ser tão incrível que ensinou tanto a vocês? Como a vida de vocês teria sido sem ele? Se ele não tivesse nascido?"

Eles ficaram sensibilizados e pensativos. E é importante agradecer em todas as circunstâncias, porque a gratidão, combinada com o perdão, nos move em outra direção. Mesmo quando alguém parte, é importante sermos gratos pelo convívio com a pessoa amada. Até na morte a gratidão é importante, especialmente quando é a morte de alguém que contribuiu para sua vida e existência.

Que o perdão gera um sentimento positivo diante de um negativo, já sabemos, mas a gratidão é outra ferramenta que nos ajuda a gerar e nutrir estes sentimentos positivos e posicioná-los dentro da gente quando uma onda de mal-estar parece assolar nosso coração.

Pode perceber: quem sabe perdoar, sabe agradecer, e quem sabe agradecer, sabe perdoar. Isso porque quanto mais perdoamos, mais somos gratos, e quanto mais somos gratos, mais propensos estamos a perdoar as ofensas alheias.

E o que é a vida, senão um constante movimento de acertos, erros, pedidos de desculpa e busca por conhecimentos? Consciente ou inconscientemente, as coisas acontecem e cabe a nós saber tirar o melhor que podemos de cada situação.

Perdão liberta, e você já deve ter entendido isso. Quando abandonamos as crenças, traumas e ofensas que nos impedem de ir além, podemos ser a nossa melhor versão.

Como percebemos, o perdão tem a capacidade de gerar diversas consequências positivas no nosso corpo e mente. Quando perdoamos, os sentimentos negativos, a baixa produtividade, o estresse e a produção de cortisol são substituídos por sentimentos positivos, como motivação, aumento da criatividade – e pela produção de hormônios da felicidade – como dopamina e serotonina, entre outros.

Mas o que o perdão e a gratidão têm em comum?

Você deve saber que nascemos aptos a agradecer e perdoar.

Entretanto, no percurso tortuoso que é a vida humana, acabamos, por vezes, nos distanciando dessa incrível capacidade.

Convido você a se lembrar da sua infância. E, em primeiro lugar, de sua mãe. Lembre-se do vínculo que foi criado com ela quando nasceu. Certamente existem casos particulares, alguns mais tristes do que outros, em que o vínculo com a figura materna não acontece da forma esperada. Porém, acredito que na maioria dos casos, quando lembramos de nossas mães, nós nos lembramos com ternura e com o sentimento de mais pura gratidão.

Quer exercício mais puro de gratidão do que lembrar de quem nos deu a vida?

O vínculo materno é primeiro de nossa existência. Graças à nossa mãe recebemos a vida, o cuidado, o carinho e o afeto. É graças a esse vínculo que sobrevivemos aos primeiros anos de nossas vidas. Mas nem sempre esse vínculo acontece com a mãe. Pode ter acontecido com avós e avôs que criam seus netos, ou pais adotivos, entre outros, já que os formatos de famílias hoje são tão plurais e diversos.

Quero dizer com isso que a parte mais primordial de cada um de nós depende obrigatoriamente de um vínculo com alguém que se dedicou a cuidar de nós e a nos alimentar com todo amor e dedicação.

E o que este vínculo nos mostra é que todos temos uma base para trazermos o sentimento de gratidão à tona. Agradecemos e alimentamos a confiança na vida e nas pessoas que foram essenciais para que estivéssemos onde estamos hoje.

Sabemos que não é fácil cuidar de um bebê. Ser mãe e ser pai pode significar coisas muito diferentes para pessoas diferentes, porém a tarefa exige sempre uma dedicação e sacrifício.

Por isso é que, independente de quaisquer circunstâncias, devemos mostrar nossa mais profunda e sincera gratidão aos nossos pais ou aos cuidadores que nos trouxeram à vida e nos cercaram de cuidados, nos nutrindo emocionalmente.

Ao longo da vida muitas vezes a relação com os pais torna-se mais ou menos conturbada, já que ficamos cada vez mais independentes. Só que faz parte do nosso caminho para a maturidade entender que nossos pais também não são perfeitos, que têm falhas e defeitos, e que fizeram por nós o melhor que podiam naquele momento, nas condições que possuíam.

Dessa forma, acredito que o perdão e a gratidão estão vinculados. Precisamos ser capazes de perdoar para demonstrar gratidão pelas coisas que recebemos. Por mais atribulada que possa ser a sua vida, sempre existem dádivas que merecem a sua gratidão diária: sua família, sua saúde, seu trabalho, ou o simples fato de estar vivo por mais um dia.

Aqui entramos em um dos aspectos do sentimento de gratidão mais difíceis de serem compreendidos, aceitos e absorvidos: o desapego. Aliás, esse é um aspecto que permeia toda a ação humana. Todas as nossas obras são passíveis de gerar em nós uma vaidade perigosa.

O verdadeiro mistério é saber abster-se do desejo de recompensa. Digo isto porque não podemos armar ciladas para nós mesmos.

Perdoar e ser grato não são ações que podem ser usadas como moedas de troca. Devemos ter muita sabedoria para não cair nas armadilhas do egoísmo e da vaidade.

O perdão e a gratidão não são estandartes a serem ostentados e divulgados por alguém. Muitas vezes as pessoas agem dessa forma porque querem ser vistas pelos outros como pessoas boas, generosas.

Para serem reconhecidas e buscarem aprovação, ostentam sentimentos nobres. Mas agir desta maneira é uma ilusão.

Um dos ensinamentos de Krishna no Bhagavad Gita (termo sânscrito que pode ser traduzido literalmente como "Canção do Bem-Aventurado" ou "Canção do Senhor") aborda esta questão. Esse livro é a essência do conhecimento védico.

Nele, Krishna, que é a manifestação de Deus, expõe toda sua sabedoria e deixa diversos ensinamentos. Dentre eles, surge a noção de desapego. Todo ser humano age no mundo conforme seu carma e está em constante ação, não podendo deixar de agir nunca, uma vez que a inação é uma ação e uma escolha.

Quem busca, por meio de suas ações, o contentamento apenas de sua vaidade, se depara com a seguinte situação: primeiro pode sentir uma realização parcial do seu ego mundano, porém logo se frustra com o vazio da própria insignificância perante Deus.

Isso não significa que devemos nos abster das ações justas. Muito pelo contrário: devemos entender que as ações justas, tais quais o perdão e a gratidão, devem ser praticadas com desapego e com amor, sem desejo de ganhos ou recompensas.

O perdão e a gratidão são dádivas que proporcionamos a nós mesmos. Não precisamos esperar que os outros nos perdoem para que possamos perdoar a nós mesmos e àqueles que nos ofenderam, nem devemos nos mostrar ingratos se nossa gratidão não for retribuída pelos outros.

A gratidão revela a divindade existente em cada um de nós e que, até então, estava esquecida ou adormecida. Para que nossa caminhada evolutiva seja mais leve e direcionada, devemos sempre nos lembrar de aprender com nossas experiências, sejam elas quais forem. Assim podemos fazer de nossos sentimentos positivos verdadeiros guias para o autoconhecimento e prosperidade. Isso é o que dá sentido à vida e nos possibilita seguir em frente.

Mas é preciso diferenciar a gratidão da retribuição. Você se lembra de que quando éramos crianças e nossos pais diziam com frequência que deveríamos retribuir o favor que nos foi feito? Só que essa obrigação não significa gratidão. Muitas vezes trocamos presentes sem nos envolver de fato neles, e recebemos outros pelos quais não sentimos gratidão alguma.

A obrigação de retribuir favores, às vezes, se torna uma mera convenção social, como, por exemplo, quando somos convidados para uma festa de aniversário de um parente de algum amigo do irmão de um colega do trabalho. A relação é tão distante que acabamos comprando um presente apenas por convenção, sem nenhum envolvimento emocional real; e o aniversariante também provavelmente receberá o presente sem se envolver.

A gratidão da qual falo faz parte de um movimento interno, de dentro de cada um de nós, e que não espera nenhuma recompensa em troca.

Ninguém pode obrigar o outro a ser grato. Só nós podemos tomar esta decisão. Mas quanto mais perdoamos e agradecemos, mais vamos nutrindo sentimentos positivos. Isso significa que, quanto mais perdoamos, mais somos gratos, e quanto mais somos gratos, mais propensos estamos a perdoar as ofensas.

Ambas as atitudes partem de uma premissa básica, que é a aceitação do outro. Passamos a aceitar e a entender o outro quando aceitamos que todos possuem defeitos. O amor se manifesta justamente quando percebemos essas falhas e esses defeitos em alguma pessoa e decidimos amá-la assim mesmo, apesar deles. O amor é um grande "apesar de".

Reconhecemos que a pessoa tem dias bons e ruins, que às vezes ela pode ser rude ou relapsa, que pode ser invasiva ou contida demais, mas, mesmo assim, apesar disso, amamos. Se aceitamos os defeitos, se perdoamos as pessoas e removemos os efeitos negativos que poderiam ter sobre nós, somos capazes de amar. E de que motivo maior do que o amor você precisa para ser grato? Perdoe, ame e seja grato. É por isso que perdoar está intimamente ligado ao exercício da gratidão, pois só a partir do momento em que nos libertamos das lembranças negativas entendemos que podemos prosperar em nossas vidas e nos concentrar naquilo que já temos e somos, ao que podemos ser imensamente gratos. Temos merecimento e direito de ser felizes em vez de ficarmos reféns de um passado que nos traria apenas dor e sofrimento. Liberte-se do passado!

PERDÃO E GRATIDÃO, OS DOIS POLOS DA DIVINDADE

Nos últimos tempos tenho percebido um crescente movimento das pessoas em busca do perdão e das diversas formas de manifestar gratidão. Confesso que, ao verificar esse movimento crescente, eu me senti profundamente feliz, é como ver que o meu trabalho tem surtido efeito nas pessoas e, consequentemente, no mundo.

Há mais de vinte anos eu trabalho como coach, e ao longo dessa jornada pude perceber o quão poderoso é o poder do perdão e da gratidão, e que essas duas ações nos levam para uma divindade, nos tornam seres melhores.

Como meros seres humanos, sempre estamos sujeitos a cometer erros, e é por meio dos erros que aprendemos a dominar a arte de viver.

A vida é um constante ato de acertar, errar, pedir desculpa, buscar conhecimento, ou seja, consciente ou inconscientemente, as coisas vão acontecendo, cabe a nós saber tirar o melhor que podemos de todas as situações.

Quando passamos a ter consciência do fluxo contínuo da vida e decidimos fazer o melhor uso dele, automaticamente passamos a focar na busca por sentimentos positivos, reconhecendo o valor da vida e da delícia de saborear pequenos momentos do nosso cotidiano que antes passavam desapercebidos. O perdão produz libertação.

Ele é um botão que, uma vez apertado, libera toda a carga que estava sobre os nossos ombros. Uma pessoa que viveu vinte, trinta anos carregando uma mágoa de um amigo, irmão, pai ou mãe sofre toda vez que vê a fotografia da pessoa, que esbarra com ela, que chega uma data específica. Quando o perdão surge, todo esse peso e sofrimento desaparecem, e a leveza da vida toma conta de tudo. Por outro lado, a gratidão não nos liberta de nada. Ela nos conecta com os com melhores padrões vibracionais.

O perdão nos livra do mal, e a gratidão nos conecta com o bem. São dois polos de um mesmo processo. Nossa divindade é fruto desses dois polos. Divindade não significa que queremos estar no lugar de Deus, por favor, não entenda assim. Nem que estejamos substituindo Deus pelo homem. Nossa divindade significa reconhecer que Deus habita em nós.

Que Deus faz parte de nós. Que nós somos partes de Deus e carregamos em nós sua divindade. É reconhecer que Deus não está nos céus, distante, mas que vive em nós e por isso está muito, muito perto. Não há divindade que não perdoe, nem fiel que não agradeça. É por isso que, praticando o perdão e a gratidão, nos tornamos cada vez mais próximos de Deus e despertamos mais nossa divindade, a parte de Deus que habita em nós, nossa melhor parte.

Praticando

Para praticar a gratidão e o perdão, é preciso humildade.

Os humildes são raros nesse mundo com tantas pessoas egoístas. Se agradecemos e reconhecemos que precisamos dos outros, estamos prontos para o exercício da gratidão.

Devemos praticar a gratidão todos os dias, e o primeiro movimento de gratidão será o da família.

Agradecer a família é essencial, e por isso convido você a buscar algo por que agradecer. Busque na memória este momento mágico. Pode ser uma coisa pequena ou uma lembrança marcante.

Peço que você ligue para a pessoa envolvida neste evento e mostre o quanto é grato por isso.

1º movimento de gratidão

Agradeça à família. Há famílias cujas desavenças ocupam o lugar do amor. Nesses casos é importante, mesmo com dores, mágoas, remorsos, buscar coisas a agradecer. Só o fato de você ter nascido nessa família merece agradecimento, mesmo que ela não atenda às suas expectativas. Busque, na sua memória, algo por que você sinta que deve agradecer. Pode ser algum acontecimento recente a que talvez você não tenha dado muita importância ou uma lembrança antiga, talvez da infância, a que você possa dizer para sua tia, primos, pais o quanto é importante para você. Ligue agora para essa pessoa da sua família e mostre que você é grato, ou vá até ela se estiverem perto um do outro.

PESSOA:

_____

MOTIVO DA GRATIDÃO:

_____
_____
_____
_____
_____

2º movimento de gratidão

Sabe aquelas pessoas que você não costuma reconhecer? Aquela pessoa que trabalha na empresa ou na sua casa e sempre faz pequenas coisas que você não considera? Ou aquela pessoa que sempre faz algo por você, mas você mal tem tempo de dizer "obrigado"?

O exercício agora é agradecer quem não espera sua gratidão. Reconheça esta pessoa e demonstre que você é grato por ela. Você vai notar uma transformação absurda na energia dela e na sua também, principalmente porque é importante reconhecer as pessoas com palavras de afeto e agradecimento.

3º movimento de gratidão

Já tentou agradecer a si mesmo? Agradecer por ter sido corajoso o bastante para dar o primeiro passo nesta prática? Por se permitir? Quando uma pessoa não está aberta ao primeiro movimento de gratidão, nenhum outro é realizado.

Pare para pensar: quantos motivos você tem para ser grato a você mesmo?

Lembre-se sempre: você tem valor, um grande valor. Agradeça a você mesmo, aos seus recursos internos, à sua autopermissão para ir mais longe, à sua abertura ao novo e às mudanças internas. Agradeça e reconheça em você mesmo todas as maravilhas que você costuma reconhecer nos outros.

Capítulo 10

O perdão como libertação

O respeito e a aceitação são imprescindíveis para o perdão.

OS TRÊS GÊNEROS DO PERDÃO

Maria era uma mulher cheia de dores quando se separou do marido. Vivia intensamente suas mágoas e não sabia como poderia se ver livre delas. Sempre que via nas redes sociais que ele estava seguindo com a própria vida, seu coração doía mais um pouco, porque ela ainda sofria com a falta de cuidado do ex-marido em expor o novo relacionamento tão cedo. Vivia amargura e raiva diárias, e seu ex-marido, que vamos chamar de João, apesar de tentar levar a vida adiante, ainda carregava conflitos consigo.

Para exemplificar os três gêneros do perdão e como ambos podem se ver livres para cada um seguir em frente, usarei a história deste casal, que poderia ser a de seu vizinho ou até a sua.

Quem pede perdão quer se ver livre da culpa. Quem perdoa, quer se despedir do passado. De qualquer forma, o perdão está atrelado a um estado de libertação de um sentimento ruim que nos aprisiona.

Segundo o dr. Stephen Marmer, da Medical School da Prager University (UCLA), existem três gêneros diferentes de perdão. São eles: 1. Desculpa; 2. Tolerância; 3. Libertação.

1. Desculpa

Todo mundo pede desculpas. Você esbarra no corredor com alguém e solta um "desculpe", você se envolve num acidente de trânsito e pede desculpas. Pedir desculpas é instintivo. Mas já pensou se a desculpa é um gênero do perdão?

A verdade é que gastamos muita energia com determinados problemas. Por exemplo: imagine que o João e a Maria, quando ainda casados, passavam pelos mais diversos tipos de situações no dia a dia, mas, orgulhosos, nenhum dos dois era do tipo de pedir desculpas quando necessário.

Só que quando a pessoa assume a responsabilidade por algo, demonstra arrependimento, se compromete a não repetir o erro e se desculpa com sinceridade, a energia da situação muda por completo.

Era comum que Maria estivesse com uma série de tarefas domésticas e João "atrapalhasse" aquilo de alguma maneira. Sem querer, ele fazia o trabalho dela maior. Às vezes deixava o café cair no chão e na roupa e não pedia desculpas, como se fosse obrigação dela limpar, ou sujava as coisas na casa e não limpava. Isso fazia com que ela tivesse cada vez mais raiva. Só que ele não pedia desculpas, nunca. Ao mesmo tempo, quando ela combinava compromissos com ele, sempre esquecia, e isso o deixava chateado. Ela também não pedia desculpas. Dizia que tinha esquecido porque estava muito cansada.

Aos poucos, essas chateações diárias sem nenhum pedido de desculpa, iam se acumulando.

Essas situações podem acontecer o tempo inteiro e causam um certo desconforto ou até raiva momentânea, mas passam. O dr. Marmer acredita que a desculpa funciona como uma forma de exoneração, um "apagar de quadro negro". Ao apagar, ele volta ao seu estágio original sem nenhuma (ou quase nenhuma) consequência. O ato de pedir desculpa, seja por algo simples ou por algo mais grave, muda completamente a direção da energia que seria gasta com o problema.

Ou seja: quando um casal age com orgulho e não pede desculpas um ao outro, não fica livre de desavenças. É claro que nem sempre estamos livres de conflitos, especialmente quando uma pessoa não aceita as desculpas, mas desculpar-se, além de demonstrar humildade, revela que estamos dispostos a manter o equilíbrio, a serenidade, a paz e, sobretudo, os laços – quando eles existem.

2. Tolerância

Para que haja convívio amoroso, deve haver tolerância. E definitivamente não era o caso do casal que ilustra este capítulo. A tolerância é outro gênero de perdão. Pode acontecer de não associarmos a tolerância com o perdão num primeiro momento, mas sempre a relacionamos com aceitação.

Situações simples de tolerância costumam acontecer quando há uma relação de dependência ou de afetividade entre as partes envolvidas. Quando um casal que tem temperamento e ideologias diferentes, por exemplo, consegue conviver, isso parte de um princípio de tolerância. Mas quando um se torna intolerante com o outro, não tem jeito.

Tolerância é o reconhecimento do outro. Reconhecimento, compreensão e respeito. O princípio da tolerância não é que eu seja "bonzinho", mas que eu seja empático. O João acreditava que não deveria tolerar a indiferença da Maria. A Maria, não queria tolerar os deslizes do João.

Um não conseguia enxergar o outro com empatia, só que, quando queremos preservar uma relação, toleramos algumas coisas. Não é se calar à toa, nem ser submisso, ao contrário, é praticar a humanidade na sua máxima potência. É por isso que tolerar é um gênero de perdão.

O respeito e a aceitação são imprescindíveis. Devemos, em outras palavras, ter tolerância e respeito com crenças e valores que são diferentes dos nossos.

A tolerância é fundamental justamente porque ela também estabelece os limites da crença individual. Devemos ter tolerância e respeito com as crenças dos indivíduos, porém, para vivermos em harmonia, é preciso entender que existe um limite para essas crenças. Elas são, em última instância, individuais.

As religiões promovem manifestações coletivas dessas crenças, porém os valores de uma religião não podem ser impostos a ninguém. É inadmissível, portanto, que valores e crenças pessoais sejam combustível para preconceitos, ofensas e até mesmo conflitos físicos. A tolerância deve ser ensinada e praticada desde a infância. Devemos ensinar nossas crianças a entenderem que existem diferenças e a aceitá-las. O fato de existirem pessoas diferentes jamais será uma ameaça para nós, se estivermos seguros sobre o que acreditamos.

Gostaria de aproveitar este espaço para trazer um exemplo bastante atual. Por não entenderem o significado de tolerância, muitas pessoas têm se visto no direito de manifestar publicamente atitudes racistas e preconceituosas. Essas atitudes são, quase sempre, direcionadas a grupos minoritários de negros, homossexuais e mulheres. É preciso deixar claro que essas atitudes, além de serem crimes previstos por lei, são demonstrações extremas de intolerância.

3. Libertação

O terceiro e último, porém o mais profundo e impactante estágio do perdão é a libertação. A libertação acontece quando desenvolvemos a capacidade de perdoar alguém verdadeiramente, para seguirmos nosso caminho e deixar que as pessoas sigam o delas.

No caso do João e da Maria, que não superaram os sentimentos negativos que direcionam um ao outro, a libertação seria o remédio.

Quando nos libertamos, integramos a decisão de perdoar com o perdão emocional e substituímos os sentimentos negativos pelos positivos.

Assim acontece a libertação. É importante ressaltar que a libertação não envolve obrigatoriamente o processo de desculpa. Isso significa, portanto, que a libertação não irá necessariamente conduzir à reconciliação.

A libertação também não exige tolerância para que possa acontecer. Podemos nos libertar e ainda assim escolher nos afastar de determinadas pessoas.

O dr. Marmer afirma que a libertação faz com que paremos de nos definir pelas dores que nos causaram. Somos mais do que nossas dores, preocupações e sentimentos ruins. Por isso é que merecemos nos libertar. Se não nos libertamos, continuamos permitindo que as pessoas que nos ofenderam tenham influência em nossas vidas.

A libertação é especialmente importante em alguns casos extremos e muito tristes de ofensa, como por exemplo casos de abuso sexual. Trata-se de um crime hediondo que gera traumas e dificuldades carregadas pela vítima a vida inteira.

Nesse caso, não acredito que deve haver tolerância nem desculpa para com o abusador, mas sim libertação. Acredito que esse é um dos casos em que a relação deve ser cortada o quanto antes e que o agressor deve ser punido pela justiça. A vítima, por outro lado, tem que continuar com sua vida. Não é um processo simples. Casos assim podem demandar vários anos para que a vítima seja capaz de elaborar seus sentimentos, livrar-se da angústia e se desprender do mal que lhe fizeram. A libertação é um processo fundamental para que ela seja capaz de se desvincular dos sentimentos ruins que a experiência traumática lhe ocasionou. Outra ofensa que considero como uma das mais difíceis de ser verdadeiramente perdoada em nossa sociedade é o adultério.

Muitos consideram a traição conjugal como um dos piores tipos de traição, e é comum vermos os efeitos negativos desencadeados em pessoas que passam por essa situação. Surgem sentimentos como insegurança, inferioridade e baixa autoestima. E como se isso já não bastasse, uma traição pode abalar tão intensamente as bases da vida de uma pessoa, que ela se sente incapaz de amar e confiar em quem quer que seja. Tanto por medo de ser traído novamente quanto por rancor e desejo de vingança, a verdade é que quem sofre com essa experiência não enfrenta um obstáculo simples nem encontra saídas fáceis, e por isso mesmo pode acabar se prejudicando sem ter consciência disso.

Sobram exemplos, na literatura, na música e nos filmes, de casos de traição e suas mais trágicas consequências. O mito grego de Medeia é um exemplo sombrio e cruel de como a vingança por uma infidelidade acarreta consequências extremas. Imortalizada por Eurípedes, um célebre poeta e dramaturgo da Antiguidade grega, a tragédia de Medeia conta uma das mais brutais histórias de vingança da humanidade. Escrita no século V antes de Cristo, ela nos mostra uma mulher, Medeia, que foi desposada por Jasão e levada para longe de sua terra natal. Após uma série de acontecimentos, Medeia, Jasão e seus dois filhos se mudam para a cidade de Corinto, onde Jasão abandona a esposa e os filhos para se casar com a filha do rei. Tomada pelo ódio e pelo desejo de vingança, Medeia planeja o assassinato da nova esposa de Jasão e, num desfecho sombrio, concretiza seu plano matando também seus dois filhos apenas para causar, em Jasão, a dor que ele a havia feito sofrer.

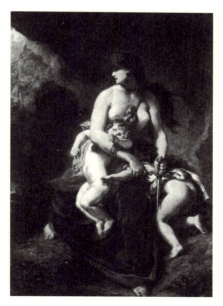

Medeia, Eugène Delacroix.

Perdoar uma traição pode não ser fácil, mas é algo absolutamente indispensável, pois esse perdão liberta a vítima dos sentimentos pesados que acompanham sua dor e o desejo de vingança.

Embora a história de Medeia seja um mito, infelizmente existem exemplos reais nos dias de hoje muito semelhantes a essa tragédia. São crimes lamentáveis, casos extremos que poderiam ser evitados com o perdão e a ressignificação.

O que precisamos deixar bem claro é que o perdão nem sempre implica reatar laços ou manter relacionamentos, e sim ser capaz de decidir pela melhor saída. Essa escolha pessoal somente você pode tomar, pois o perdão é uma decisão.

Não é uma decisão fácil – e ninguém disse que seria –, mas é uma decisão que pode construir uma vida melhor. Uma vida LIVRE. Isso é fundamental para qualquer relacionamento e faz parte de nosso amadurecimento pessoal.

Quanto melhor for o desenvolvimento pessoal e espiritual de cada uma das partes de uma relação, maior será o respeito e a reciprocidade, portanto, maiores serão as chances de um relacionamento saudável com respeito mútuo. Segundo a teoria do dr. Marmer, os três gêneros do perdão e, principalmente o último deles, a libertação, são uma forma de transcender ao sétimo nível da pirâmide do processo evolutivo e alcançar a luz, a Divindade. Liberte-se por meio do perdão e experimente ser alguém novo. Leve.

Praticando

Para esta prática vamos precisar de papéis coloridos e caneta.

A principal intenção é que você internalize o máximo possível os hábitos de se desculpar humildemente, reconhecendo sua parcela de culpa, nas situações mais corriqueiras do dia a dia; de ser tolerante com quem é diferente de você (como se fosse superior a alguém, mas tolerante pela capacidade de compreender e aceitar verdadeiramente as diferenças entre as pessoas); de perdoar e ser perdoado visando à libertação das cargas de culpa e remorso.

Crie ou pesquise três frases sobre "desculpas".
Crie ou pesquise três frases sobre "tolerância".
Crie ou pesquise três frases sobre "libertação".

Você deseja enviar essas frases para alguém ou postar em suas redes sociais? Compartilhe o que é bom!

Capítulo II

A roda do perdão

Você está seguindo o seu próprio caminho, no seu próprio tempo. Dê sempre o melhor de você mesmo e acredite verdadeiramente na evolução pessoal de forma humana, contínua e constante.

A RODA DO PERDÃO
PARA LIBERTAÇÃO

Existem sete características essenciais no caminho para a libertação. Por isso, quando criei a Roda do Perdão, a partir de muita reflexão e estudo, usei todas as ferramentas que conhecia.

Esta roda pode ser uma ferramenta utilizada mesmo que você não seja coach profissional. Além disso, você pode aplicá-la em si mesmo, e ter resultados fantásticos.

É comum que as pessoas que utilizam a roda do perdão, voltem a olhar para o passado para poder ressignificá-lo e sintam-se compelidas a olhar para o futuro. É assim que cada passo as aproxima do estado que desejam.

Composta de sete partes, cada uma representa uma atitude relevante quando o assunto é superar as mágoas. Elas podem ajudar você a perceber quão longe ou quão perto você está de alcançar o objetivo, que é perdoar alguém ou alguma situação, e quão relevante ou irrelevante são essas atitudes em sua vida.

Eu diria que estamos diante de um verdadeiro tesouro.

Os sete campos da Roda do Perdão

A partir de agora, permita-se ser impactado.

Você precisa estar aberto à reflexão profunda e consciente de cada campo que será trabalhado. As ferramentas circulares, que chamamos de rodas, são divididas em campos. Cada um desses campos representa uma área da nossa vida, uma área do processo que está sendo trabalhado.

Quando ler as perguntas poderosas, deixe a resposta vir de dentro de você.

Depois de refletir sobre cada campo, mensure um valor que corresponda à sua autoavaliação em relação a eles. Esse valor é a transformação do intangível em tangível. Depois, pinte o campo correspondente de acordo com esse valor para, ao final, analisarmos as suas condições de perdoar e pedir perdão. Para preencher a Roda do Perdão, você precisará de um lápis, caso você queira fazer uso da borracha para apagar e refazer a atividade em outro momento. Caso contrário, você pode utilizar lápis coloridos ou uma caneta da cor que preferir.

Autoaplicação

Antes de mais nada, firme um compromisso consigo mesmo. Saiba que virão os sabotadores internos e você vai precisar ser sincero para sair da sua zona de conforto.

Analise como os resultados irão alavancar seu crescimento. Você precisa ser crítico consigo mesmo no processo. Quem tem variação na autoestima não se conhece de verdade e muitas vezes acaba se depreciando. Se não reconhecer seus pontos fortes e falhas, não vai evoluir.

RODA DO PERDÃO

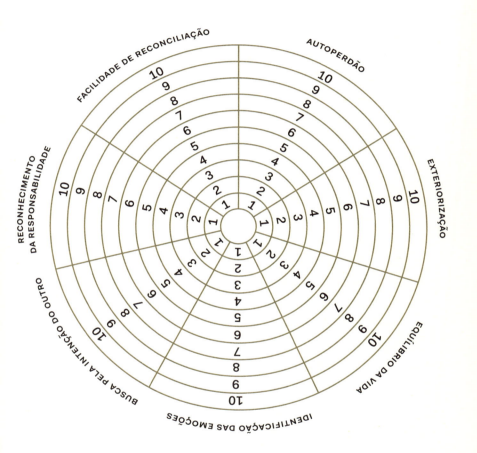

Autoperdão

Já disse e vou repetir: perdoar a si mesmo é o que vai fazer com que você tenha uma vida plena. Quando você perdoa a si mesmo, se livra de uma culpa que não deveria carregar. Você deixa de lado os arrependimentos e aceita as próprias falhas.

Você se vê humano. E para de se punir e se autodepreciar. Quem aceita as próprias falhas, tem uma boa autoestima.

PERGUNTAS PODEROSAS DO AUTOPERDÃO

→ Você se sente culpado e julgado o tempo todo?

→ De que forma você se relaciona com as mágoas do passado? Elas voltam à sua mente com frequência?

→ Você pode quantificar e qualificar o amor que você sente pelos outros?

→ Qual é a qualidade e quantidade de amor que você sente por si mesmo?

→ Diante de suas falhas, você consegue aceitá-las com facilidade ou as deixa reverberar dentro da sua mente por muitos dias?

Exteriorização das emoções

Exteriorizar as emoções é o mesmo que colocá-las para fora.

Isso faz as pessoas abrirem a Caixa de Pandora, porque paramos de guardar sentimentos que nos trazem consequências futuras.

Se guardamos sentimentos bons, muitas vezes nos arrependemos de não termos dito um "eu te amo" ou algo que o outro merecia ouvir. De qualquer forma, o coração é uma caixinha onde depositamos tudo de bom e de ruim: raiva, decepção, tristeza. Só que aquilo vai se acumulando, e em determinado momento, não há espaço para mais nada.

O pior é quando as emoções negativas ocupam tanto espaço que ficamos sofrendo o tempo todo, lançando atitudes rudes com quem está à nossa volta e produzindo sofrimento para todos.

PERGUNTAS PODEROSAS DE EXTERIORIZAÇÃO DAS EMOÇÕES

→ Você sabe expressar o que sente sem ofender o outro?

→ Como ficam seus gestos, seu tom de voz, sua expressão facial quando você está exprimindo o que sente?

→ Você guarda para si mesmo, por medo, todos os sentimentos que possui? Sente medo de ser julgado, medo de perder aqueles que ama, medo de se ver sozinho?

→ O que te limita quando deseja expressar suas emoções?

→ Você lida bem com a sinceridade dos outros, aceitando-a e entendendo-a?

Equilíbrio da vida

Quem nunca enfrentou uma situação adversa? Dessa maneira, não adianta colocarmos muita importância e energia em uma situação, mas, em outras, tratá-las como algo sem valor. Uma vida equilibrada resulta da atenção igualitária a todos os seus elementos, nem mais nem menos do que eles merecem.

Por isso, quem faz tempestade em copo d'água ou vê a vida sob a ótica do copo meio vazio fica à mercê de muitos sentimentos difíceis, que tornam a existência uma montanha-russa interminável.

Que tal olhar tudo sob outro ponto de vista?

PERGUNTAS PODEROSAS SOBRE EQUILÍBRIO DA VIDA

→ Todos os aspectos de sua vida estão equilibrados? A vida pessoal, profissional, seus relacionamentos e sua qualidade de vida estão recebendo a devida atenção?

→ Você se vê tendo atitudes exageradas em determinadas situações?

→ Há grandes acontecimentos em sua existência que passam despercebidos?

→ Você se considera uma pessoa equilibrada quando o assunto é relacionamento com o próximo? Em caso negativo, o que lhe falta?

→ Em uma discussão, você tende a ver apenas o seu ponto de vista ou busca se colocar na pele do outro? O que leva você a escolher apenas um dos lados?

Identificação das emoções

Todo mundo é dotado da capacidade de pensar, certo?

Pois bem: entender o motivo que levou você a sentir raiva ou outros sentimentos negativos é racionalizar sobre a situação, usando o que mais temos de genuinamente humano (a capacidade de pensar) a nosso favor.

Quando temos atitudes impensadas, saímos do eixo. E identificar as emoções ruins faz com que possamos compreender o que os outros despertam em nós. Porque certamente aquilo já existia, e só acordou.

Compreender como nascem os sentimentos é bom para todos, principalmente para não nos tornarmos impulsivos.

PERGUNTAS PODEROSAS DE IDENTIFICAÇÃO DAS EMOÇÕES

→ Você guarda muitos ressentimentos dos quais precisa se desfazer?

→ De que forma seus sentimentos negativos atrapalham suas relações no presente?

→ Você reflete sobre o sentimento que nasce dentro de você depois de algum acontecimento?

→ O que se acorda dentro de você toda vez que é acometido por sentimentos desagradáveis?

Busca pela intenção do outro

Você se coloca no lugar do outro? Sei que às vezes é difícil, principalmente quando o outro é responsável pelo nosso sofrimento.

A questão é que não precisamos ficar apontando culpados, mas podemos entender como agimos, ao despertar a ira dentro de nós.

Mas, como é no veneno que está o antídoto, é por meio do sofrimento que conseguimos aprender e crescer. A empatia faz parte desse aprendizado, porém demanda energia e uma prática constante. Ela possibilita que vejamos pelo ponto de vista do outro e, como ninguém é feito dos mesmos problemas, qualidades e defeitos, como cada um é um ser único, é preciso, para que sejamos capazes de perdoar, que deixemos de lado, por um momento, nossas próprias convicções e vejamos o que motivou a atitude da outra pessoa.

PERGUNTAS PODEROSAS DE BUSCA PELA INTENÇÃO DO OUTRO

→ Você já se colocou no lugar do outro em alguma situação na qual a pessoa magoada foi você?

→ Você acredita que alguém já tenha se colocado em seu lugar? Quem seriam essas pessoas?

→ De que forma você quer que suas intenções sejam vistas por aqueles com quem se relaciona?

→ Quais são as lições que você consegue tirar de um desentendimento?

Reconhecimento da responsabilidade

Você se lembra da Tríade do Desequilíbrio Emocional, de que falamos anteriormente? Pois é, com a decepção e a frustração, está a expectativa.

As expectativas podem nos destruir quando o retorno não é condizente com aquilo que imaginamos.

Por isso, antes de apontar culpados, lembre-se de que quem criou a expectativa foi você. Isso nos torna responsáveis pelo sofrimento que criamos. Já parou para perguntar a si mesmo se a origem do seu sofrimento não está na expectativa criada? Ou é possível que tenha faltado clareza no momento de expressar seus objetivos e suas necessidades?

PERGUNTAS PODEROSAS DE RECONHECIMENTO
DA RESPONSABILIDADE

→ Qual é sua responsabilidade por suas próprias ações e pelas dos outros?

→ Quanto você culpa os outros pelas suas próprias atitudes?

→ Quanta expectativa você cria sobre suas ações? E sobre as ações dos outros?

→ Você se frustra com facilidade? Sente que o mundo te decepciona a cada novo passo?

→ O que mais decepciona você quando o assunto é a atitude dos outros?

Facilidade de reconciliação

O ser humano distingue-se dos outros animais pela capacidade de se comunicar por meio da linguagem. Mas ela só pode ser considerada uma dádiva quando você faz um bom uso da ferramenta.

A última parte da Roda do Perdão para Libertação é uma reflexão necessária.

Somos capazes de nos reconciliar com aqueles que nos machucaram? Será que sabemos fazer as pazes com outras pessoas? Renunciar ao orgulho? Conversar abertamente sobre o que sentimos?

O melhor que podemos fazer é falar com o outro, expressar, calmamente e sem pressa, os sentimentos, deixando clara a importância que o outro tem para nós.

PERGUNTAS PODEROSAS SOBRE FACILIDADE
DE RECONCILIAÇÃO

→ Quem merece seu amor?

→ Que peso você tem sobre a mágoa em relação a uma pessoa amada?

→ Qual a diferença entre o peso da mágoa provocada por uma pessoa amada e por uma pessoa com a qual você não tem tanto vínculo?

→ De 0 a 10, o quanto genuinamente você está aberto a perdoar e a dar novas chances para as pessoas?

Autoavaliação

Após ter preenchido todos os campos da Roda do Perdão, você terá em mãos a representação gráfica da sua roda. Olhando para o formato dela, reflita:

→ A sua roda está em equilíbrio? Seria capaz de girar? O que falta para torná-la uniforme?

→ Qual foi sua maior nota? O que você fez para conquistá-la?

→ Qual foi sua menor nota? O que você pode fazer para aumentá-la?

→ O que te levou a atribuir a nota mais alta e a mais baixa? Caso exista uma distância muito grande entre essas notas, o que você acha que está causando essa discrepância?

→ Qual dos campos você acredita ser o mais importante na sua vida? Qual a sua nota nesse campo? Você pode melhorá-lo?

Junto a essas perguntas, insisto que você se atente com carinho e bons olhos para o formato da sua roda. Reflita conscientemente sobre a primeira pergunta, se esforçando para perceber se sua roda está em equilíbrio ou não, e tente entender o que é que pode estar causando desequilíbrio e o que pode ser feito para atingir o equilíbrio e a harmonia. O que você pode fazer hoje?

Capítulo 12

Os sentimentos que resultam do perdão

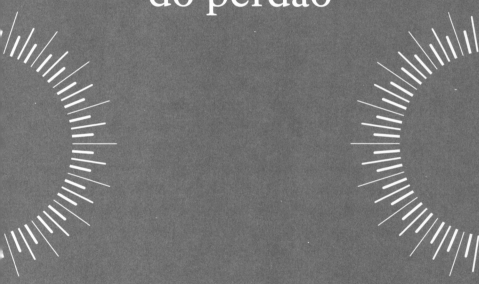

Não sei se por instinto ou por razões divinas, mas existe uma sede de amor em todo ser humano. Todo ser humano tem sede de amar e de ser amado.

Imagine só se as pessoas se livrassem de todo o peso que fica ali no coração, entulhando a vida. Se nosso coração fosse limpo, como o das crianças. Se nos responsabilizássemos pelo que acontece em nossas vidas.

As consequências de perdoar são muitas. E os sentimentos gerados por consequência do movimento do perdão, inúmeros.

Amor

Quando você pensa na palavra "amor", o que vem à sua cabeça?

Nem sempre é fácil falar sobre o amor, um sentimento puro, que só nos traz sensações boas. E embora nem todos saibamos amar, amar se aprende. É preciso prática e dedicação para aprendermos a amar.

Alguns reforçam a teoria de que o amor é algo fácil e espontâneo, que acontece como uma espécie de choque arrebatador, mas ele requer um cultivo constante.

O que eu acredito é que precisamos estar em estado permanente de amor. Isso quer dizer que devemos cultivar o amor. Precisamos investir em amor. Estamos habituados a gastar nosso tempo e nossa energia com diversas coisas, mas por que, justamente quando o assunto é amor, investimos tão pouco?

Precisamos compreender que o amor não é um mero sucesso sexual passageiro e efêmero. Não sei se, por instinto ou por razões divinas, mas existe uma sede de amor em todo ser humano.

Todo ser humano tem sede de amar e de ser amado.

A questão é que nem sempre matamos essa sede da maneira adequada.

Muita gente passa a vida em busca de sucesso, investe tempo, dinheiro e energia em roupas de grife, carros importados, cirurgias plásticas... Tudo isso com o intuito de se tornar desejada.

No fundo, o que estas pessoas querem é ser amadas. Só que, de maneira equivocada, agem como se o amor fosse uma questão comercial, buscam se colocar à disposição dos outros no mercado das relações, com características físicas, financeiras e pessoais que chamem a atenção do máximo de "compradores" possíveis.

Dedicamos tempo a tantas coisas, mas não nos dedicamos a aprender a amar. O amor exige que estejamos despertos. Assim como o perdão.

Se podemos aprender a perdoar, podemos também, aprender a amar, certo?

Gosto de dizer que o amor é como um rio que possui um caminho próprio, mas que conflui naturalmente com as águas do perdão em algum momento, e vice-versa. O amor é justamente a capacidade de amar e de ser amado.

O amor é, sim, saber dar e receber, porém é preciso salientar que ele é, antes de tudo, compartilhamento. E é importante lembrar que o amor não é uma moeda de troca que damos somente se recebermos algo de volta.

Quem dá não precisa se privar de nada. Amamos se nos entregamos, e essa entrega deve ser completa. Quando nos doamos desta forma, nos expressamos, compartilhamos o que temos de melhor e sentimos a força deste sentimento agindo dentro de nós.

Lembre-se sempre de que, independente da sua dor, o amor sempre será a forma mais pacífica de solucionar conflitos e amenizar as dores da alma.

Empatia

Simpatia e empatia são coisas diferentes?

A relação simpática é quando percebemos que o outro possui interesses e valores que são compatíveis e complementares aos nossos.

Se nos identificamos com algo, simpatizamos com aquilo. Nem sempre só com uma pessoa. Pode ser com uma causa, uma religião, uma ideia, uma forma de viver, entre outras motivações simbólicas. A empatia também envolve uma conexão com o outro, mas ela acontece de forma diferente.

Quando temos empatia, entendemos a perspectiva do outro, conseguimos enxergar por esse ponto de vista sem julgamentos e reconhecer e comunicar sobre emoções. Nem sempre gostamos muito daquela pessoa, mas buscamos compreendê-la.

É como vestir o sapato do outro, sabendo seus desejos e anseios. Isso nos faz comungar de emoções e respeitar e aceitar a história do outro.

Essa atitude faz com que prevaleçam sentimentos nobres dentro de nós.

Compaixão

Sabe quando você tem o desejo de ajudar o outro e querer diminuir seu sofrimento? Pois é: a compaixão nos torna solidários ao sofrimento do outro. É como se sentíssemos com ele, sem ficarmos indiferentes. É quase uma maneira amorosa de lidar com o sofrimento alheio, sem pena ou piedade, porque quando somos piedosos geralmente olhamos de cima, como se estivéssemos acima de quem recebe.

Gosto de lembrar que a mão da compaixão se entrelaça com a da empatia, pois ambas significam compartilhar sentimentos. Contudo, a compaixão é ainda mais intensa, pois envolve três componentes diferentes: cognitivo, comportamental e emocional. O componente cognitivo corresponde à atenção com a qual observamos o outro e à avaliação que fazemos do seu sentimento a fim de tomarmos a decisão de ajudar com base em nossas capacidades. Já o elemento comportamental diz respeito ao compromisso com o próprio "eu" e às ações que visam diminuir o sofrimento do outro. Por fim, o componente emocional representa aquilo que sentimos dentro de nós e que nos impulsiona a estender a mão ao outro, proporcionando a ele e a nós uma satisfação pessoal única.

Plenitude

Quem já sentiu plenitude sabe do que estou falando: sentir-se pleno é desfrutar a vida confortavelmente, ou seja, sentir-se livre mesmo perante situações conflitantes, dores e mágoas.

É quando vivenciamos apenas o presente e o coração fica tranquilo.

Plenitude tem a ver com a felicidade e a busca pela completude, que é um estado em que o indivíduo se sente inteiro, porque já se conhece, se respeita e se aceita como é.

Hoje você acredita que está conseguindo desfrutar de cada momento da sua vida na essência? O que, ou quem, ainda falta você perdoar para que a plenitude seja alcançada?

Prosperidade

Quando conseguimos nos manter equilibrados e harmonizados nos níveis emocional, mental e espiritual, tudo tende a fluir mais facilmente, até mesmo quando se trata de questões materiais.

E quem é capaz disso quando está preso a dores do passado? Para a vida fluir, é preciso ressignificar o passado e focar em tudo que existe de positivo. Focar no positivo é um combustível para a prática do TBC (Tirar a Bunda da Cadeira).

É só assim que temos resultados na vida.

A prosperidade nasce com o ato do perdão, porque ele desencadeia a limpeza completa do nosso coração, mente e relações. Desta forma, prosperamos e oferecemos o que há de melhor em nós.

E o Universo se encarrega do resto. Como disse William Shakespeare: "O perdão cai como chuva suave do céu na Terra. É duas vezes abençoado; abençoa quem o dá e quem o recebe".

Praticando

Convido você a vivenciar novamente uma experiência de meditação. Talvez assim você se permita olhar para dentro de si mais uma vez... De olhos abertos nossa visão é limitada, mas de olhos fechados ela se torna infinita. E talvez, ao prestar atenção na sua respiração, você perceba outra vez a sua frequência cardíaca diminuindo.

Preste atenção nos seus pés tocando o chão, concentre-se em seu coração e visualize todo o seu corpo, dos pés à cabeça, principalmente o ponto mais alto de sua cabeça, onde se localiza o chacra coronário, o ponto energético que nos conecta com nossos sentimentos mais puros e divinos. Inspire e expire lentamente...

Como você se sente neste momento?

Ao se conectar com esse ponto energético, você estará apto a iniciar esse exercício, deixando de lado a ideia de que o tempo importa nesse momento. Existem duas formas de calcular o tempo: *kronos* e *kairós*. O primeiro refere-se ao tempo do relógio, cronometrado e mensurável. O segundo, *kairós*, é o tempo cuja duração é imensurável e por isso devemos aproveitá-lo da melhor forma possível. Permita-se, neste instante, viver a atemporalidade do tempo, permita-se viver o aqui e o agora...

Leve o tempo que for necessário para que seu corpo e sua mente entrem em estado de completo relaxamento. Assim que se sentir confortável, ainda de olhos fechados, imagine-se diante de si mesmo e, com um movimento de amor, emane para sua imagem todos os sentimentos bons que tiver dentro de si, como aceitação, valor pessoal, autoestima elevada, saúde física, psicológica e espiritual, autoapreciação...

Emane Luz para sua própria imagem. Esse movimento possivelmente lhe provocará uma onda de energia positiva e satisfação em seu corpo físico, em sua mente e em suas emoções.

Convido você a abrir seus olhos, pegar papel e caneta e listar os principais sentimentos bons que teve ao olhar para si. Assim que tiver terminado a lista, olhe para cada sentimento que anotou e lembre-se sempre de nunca mais se esquecer de que esses sentimentos bons são suas principais virtudes. Eles são o que de melhor habita em você.

Assim que terminar sua reflexão, convido você a fechar os olhos novamente e imaginar-se em uma situação vivida com parentes, amigos, conhecidos ou desconhecidos, que ainda não tenha sido resolvida, perdoada ou até mesmo curada. Coloque-se nesse cenário do passado e se posicione no lugar de cada pessoa envolvida naquele momento. Perceba que quando se põe no lugar do outro, você enxerga a situação de forma diferente e acaba sendo tocado por sentimentos de empatia e autoperdão.

Agora, após se colocar no lugar de cada pessoa, convido você a assumir seu próprio papel nesse cenário do passado e a emanar amor, bondade, ternura, gentileza, generosidade, perdão e energias positivas a todos os envolvidos e a tudo o que compete a esse momento do passado. Emane às pessoas energia e sentimentos bons, a mesma proporção que os emanou para você mesmo no início deste exercício.

Ao finalizar este movimento, abra seus olhos... Reflita, perceba e reconheça quanto você evoluiu... Você se perdoaria por uma falha ou um momento de incongruência?

Você olharia para você mesmo com olhos de amor após uma discussão? Brigas são pedidos de socorro. Quem no seu passado precisou da sua ajuda? Você compreende melhor os acontecimentos agora? Consegue enxergar a intenção positiva de cada pessoa e situação? Como pretende agir de hoje em diante?

Que história pretende contar da sua história? Como último movimento, convido você a compartilhar com alguém, ou com você mesmo diante do espelho, quais foram suas maiores mudanças desde que começou a compreender melhor seus sentimentos. Reflita sobre como você de fato se sente agora. Quais foram seus maiores aprendizados ao realizar este exercício? Tenho certeza de que você não é mais a mesma pessoa que era quando iniciou o caminho do perdão proposto neste livro, e talvez você se sinta curioso para buscar cada vez mais o autoconhecimento e a evolução como ser humano. Lembre-se: no veneno sempre estará o antídoto, e por isso convido você a praticar o Diário do Perdão e da Libertação, que vem a seguir por pelo menos 21 dias. Eu fico pensando e imaginando... Assim que terminar o diário, qual será seu próximo movimento em direção à cura e à evolução? Espero verdadeiramente que você fique curioso para responder essa pergunta e que se sinta cada vez mais motivado a seguir seu caminho no Processo de Evolução e Maturação Humana.

O que mais falta para que você se conecte com sua divindade interior e atinja a luz? O que mais você ainda pode aprender a aprender? Tenho certeza de que ainda nos encontraremos muitas vezes nessa caminhada evolutiva. Até breve...

Capítulo 13

Diário do Perdão e da Libertação

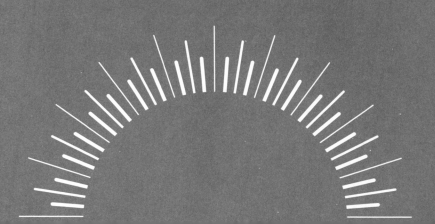

O DIÁRIO COMO FERRAMENTA DE MUDANÇA

O *Professional and Self Coaching* – PSC traz uma ferramenta chamada Diário de Bordo. São muitos os relatos que atestam a importância do Diário de Bordo para o fortalecimento da filosofia do coaching sobre o *mindset* pessoal e para a continuidade do processo de mudança mesmo quando a formação termina.

Pensando nos benefícios do diário, proponho que o processo de abertura ao perdão e à sua ação libertadora não termine aqui. Por isso, para a continuidade desse processo maravilhoso, finalizo com uma ferramenta de perpetuação, que é o Diário do Perdão e da Libertação.

Não tenha dúvida. Não desanime. Tenha perseverança. Você precisará preencher diariamente por 21 dias o diário que preparamos para você. Você pode imprimir as páginas para fazer os outros dias no site: ibc.vc/livrodoperdao.

Quando estamos vivendo um momento de muita energia positiva, queremos que esse momento se prolongue. Quando chegamos ao final de uma formação, por exemplo, vejo todos os alunos pensando "como será amanhã?", já sentindo a ausência da energia da "sala mágica". O Diário do Perdão e da Libertação pretende fazer com que a experiência de transformação vivenciada com a leitura deste livro se estenda até que isso faça parte de você, de modo orgânico e natural.

O DIÁRIO DO PERDÃO
E DA LIBERTAÇÃO 21 DIAS

Qual sentimento você carregou no dia de hoje? Ao fim do dia, lembre-se de todos os momentos, do acordar a um pouco antes de ir dormir, quais foram os três sentimentos mais frequentes? Circule-os:

Tristeza	Medo	Angústia
Decepção	Aceitação	Remorso
Alegria	Estresse	Alívio
Raiva	Mágoa	Amor
Ansiedade	Gratidão	Outro: _____

Qual desses momentos prevaleceu no término do seu dia?

Melhor momento do dia	Momento mais difícil do dia

Você está indo muito bem... Agora liste três situações/pessoas que você não perdoou hoje e sobre as quais você se compromete a refletir no dia de amanhã.

1.

2.

3.

Ao refletir sobre as três situações/pessoas citadas no item acima, dê uma nota de 0 a 10 para o quanto você está apto a dar o primeiro passo no caminho do perdão.

1 2 3 4 5 6 7 8 9 10

Agora convido você a listar três atitudes positivas que você se compromete a ter no dia de amanhã.

1.

2.

3.

GRATIDÃO: liste também três coisas pelas quais pode agradecer no dia de hoje. Qualquer pensamento, qualquer sentimento positivo, qualquer conquista, qualquer emoção positiva genuína.

Meditação do Perdão

Por todas as coisas com as quais eu mesmo me feri, me magoei, me prejudiquei, consciente ou inconscientemente, sabendo ou não o que estava fazendo, eu me perdoo e me liberto. Eu me aceito do jeito que eu sou. Eu sou: (seu nome completo)

Por todas as pessoas que me magoaram, me ofenderam, me prejudicaram de forma consciente ou inconsciente, direta ou indiretamente, eu perdoo cada uma delas. Eu me desconecto delas neste momento. Eu me perdoo. Eu me liberto. Eu me aceito do jeito que sou. Eu sou: (seu nome completo)

Por todas as pessoas que eu prejudiquei, magoei, ofendi, com pensamentos ou palavras, gestos ou emoções, consciente ou inconscientemente, eu peço perdão ao Universo. Peço perdão a cada uma delas. Eu me desconecto delas. Eu me aceito do jeito que eu sou. Eu sou: (seu nome completo)

Oração do Perdão

Agora, depois de ter preenchido todo o diário, você poderá realizar a oração do perdão, uma forma bastante interessante de conseguir perdoar. Ela pode ser mentalizada durante seu processo de meditação, em algum momento de tranquilidade que encontre durante o dia, como antes de dormir (que é o momento em que paramos para agradecer pelo dia, pelos momentos de felicidade e usamos para pensar no que podemos melhorar para viver melhor no dia seguinte) e ou quando vier à mente uma lembrança ou alguém que ainda te traz mágoa.

É importante que você escolha uma postura confortável e um ambiente livre de distrações para que consiga se conectar com seu "eu" mais íntimo e superar aquilo que ainda traz um sentimento desprazeroso. Mentalize quem ou o que deseja perdoar e repita quantas vezes acreditar que seja necessário: "De todo o meu coração, eu te perdoo e peço para que, por favor, me perdoe também. Hoje sei que meus sentimentos são minha responsabilidade e devo assumir o controle sobre eles para buscar a minha felicidade. Por isso, perdoo os erros que cometeu e sei que, de alguma forma, eles me ensinaram lições importantes. Estou libertando o meu coração de todas as mágoas que alimentei em relação a você e espero que consiga fazer o mesmo. Vou dar o meu melhor para começar a lidar de forma positiva com tudo o que não sou capaz de mudar, e começo te perdoando. A partir deste momento eu te liberto dos sentimentos ruins que te prendiam em meu coração e desejo que sejamos felizes".

Conclusão: Sinta seu corpo e suas energias.

Agora você está livre! Observou e mentalizou tudo o que aconteceu no dia. Deu a si mesmo uma nova oportunidade para sentir o poder dos bons sentimentos e para ressignificar os sentimentos ruins. Permitiu-se aprender com cada passo que deu. Refletimos, compreendemos, perdoamos e agradecemos. Ficou apenas aquilo que deveria ficar: a tranquilidade e a paz interior.

MENSAGEM FINAL

Querido ser de luz,

Estamos prestes a terminar a jornada que iniciamos neste livro. Espero que você tenha apreciado cada momento do percurso. Espero também que continue seu caminho pessoal para a libertação após a leitura, voltando a ele sempre que necessário. Aqui busquei compartilhar conhecimentos, estratégias e reflexões sobre o perdão, sobre o que é e o que não é perdoar, por que perdoar e como incorporar o perdão em nossas vidas. Meu desejo é que você tenha tirado daqui o máximo de proveito para sua vida. Compartilhar meu conhecimento e ajudar o máximo de pessoas é minha maior missão e meu propósito de vida. Se este livro pôde ajudar alguém, considero minha missão cumprida.

Fiz isso porque acredito de verdade no poder do perdão. Acredito que o perdão liberta e que ele pode literalmente mudar a sua vida. Ser capaz de perdoar a si mesmo, perdoar os próprios erros e falhas, e perdoar os outros pelo mal que fizeram, por seus erros e falhas pessoais, é algo libertador. Às vezes nem tanto para quem recebe o perdão, mas com certeza sempre para quem o dá. Há muitos anos minha busca interna me levou a pesquisar profundamente sobre o processo evolutivo e seus sete níveis. Essa pesquisa me levou por trajetórias muito diversas e me proporcionou vários insights. Ao me conectar cada vez mais com meus movimentos internos, me abrir para a natureza e para novas formas de ver e perceber a vida. O perdão foi um desses insights mais poderosos. Falar sobre perdão.

O assunto deste livro tocou a minha alma. O perdão é uma necessidade. Perdoar é uma atitude, é um movimento. Perdão é uma decisão interna. Não se trata de esperar algum resultado no outro, ou de esperar atos visíveis de mudança no comportamento dele. Quando perdoamos, temos que estar preparados e livres do desejo de recompensa por meio do outro. O perdão é a recompensa. Quem perdoa se liberta. O perdão é possível em todas as situações. Eu diria que ele é fundamental e imprescindível para a vida de qualquer pessoa. Porque, como já discutimos no decorrer deste livro, não se trata de permissividade nem de ingenuidade, mas, sim de tomar uma decisão e fazer um esforço para não deixar que sentimentos negativos sejam nutridos e atrapalhem o pleno desenvolvimento de nossas vidas. Gostaria neste momento final de trazer ainda alguns questionamentos. Pense sobre o que levou você a buscar mais conhecimento sobre o perdão. Foi apenas uma mera curiosidade, ou existe algo além? Se você estava apenas em busca de conhecimento, quero dizer que fez um ótimo trabalho chegando até aqui e gostaria ainda de agradecê-lo pelo carinho que teve ao ler esta obra, que preparei com tanto cuidado. Meu desejo mais sincero é que você tenha encontrado novas formas de vivenciar seu passado e ressignificar suas lembranças.

Contudo, lanço outro questionamento para aqueles que buscavam algo mais, além de conhecimento e informação: o que te levou a buscar o perdão? Talvez você precise do perdão em sua vida para se livrar de mágoas e ressentimentos passados, talvez você precise se perdoar ou pedir perdão pelo mal que causou a outras pessoas. Somente você é capaz de responder a essa pergunta, e eu acredito que esse é o momento exato para fazer isso mais uma vez, a fim de encerrarmos esse ciclo. Independentemente de qual seja sua meta, perdoar ou ser perdoado, gostaria que refletisse sobre a ânsia que te levou a me acompanhar nesta jornada. Todos nós somos mutáveis. Mudamos, alteramos e transformamos nossas crenças e nossas ânsias o tempo todo. Talvez você tenha mudado no decorrer deste livro. Na verdade, desejo mesmo que você tenha mudado e se inspirado com esta leitura e tenha sido capaz de novas reflexões e novas formas de vivenciar experiências.

Por fim, lanço o questionamento final: você já perdoou aquilo que você pode perdoar? Você acha que já incorporou completamente o perdão em sua vida? Não se preocupe se a resposta ainda for negativa: estamos e estaremos sempre juntos nessa caminhada. O Caminho do Perdão é largo e acolhedor o suficiente para permitir que nós todos trilhemos lado a lado. Peço sua licença agora, caro leitor, para me despedir de você. Antes, porém, deixo meus mais profundos e sinceros agradecimentos: muito obrigado! Obrigado pela confiança depositada em mim, pela esperança, pelo otimismo, pelo desejo de mudar. Eu também acredito em você e em seu potencial! Gratidão!

FONTES Register, Fakt
PAPEL Pólen Soft 80 g/m²
IMPRESSÃO Geográfica